Wilhelm Heune

Die Cäsur im Mittelfranzösischen

Wilhelm Heune

Die Cäsur im Mittelfranzösischen

ISBN/EAN: 9783743428973

Hergestellt in Europa, USA, Kanada, Australien, Japan

Cover: Foto ©Thomas Meinert / pixelio.de

Manufactured and distributed by brebook publishing software (www.brebook.com)

Wilhelm Heune

Die Cäsur im Mittelfranzösischen

Die Cäsur im Mittelfranzösischen.

Inaugural-Dissertation

zur

Erlangung der philosophischen Doctorwürde

welche

nebst beigefügten Thesen

mit

Zustimmung der hohen philosophischen Fakultät

der Universität Greifswald

Mittwoch, den 21. April 1886

Vormittags 11 Uhr

öffentlich verteidigen wird

Wilhelm Heune

aus Eberswalde.

Opponenten:

cand. phil. **Eduard Stramwitz**.
cand. phil. **Erich Grüder**.

Greifswald.
Druck von Julius Abel.
1886.

Meinen teuren Eltern

in Liebe und Dankbarkeit

zugeeignet.

Im Jahre 1884 erschien eine Arbeit von Dr. Otten,[1]) die sich im Anschluss an Tobler[2]) damit beschäftigte, in den poetischen Denkmälern der französischen Literatur von den ältesten Zeiten bis zum XIV. Jahrhundert hinab die Cäsuren in den verschiedenen cäsurhaften Versarten zu untersuchen. Vorliegende Arbeit hat es sich zur Aufgabe gestellt, unter Fortsetzung der Untersuchung Ottens der Entwickelung der Cäsurverhältnisse im XV. und XVI. Jahrhundert zu folgen und die Veränderungen, welche sich in dieser Zeit vollziehen, einer näheren Prüfung zu unterwerfen. Benutzt wurden neben der Arbeit Ottens noch O. Reissert, Die syntaktische Behandlung des zehnsilbigen Verses im Alexius- und Rolandsliede, in Stengels Ausgaben und Abhandlungen, XIII. Marburg 1884; Sainte-Beuve, tableau du seizième siècle, Paris 1869, endlich Morceaux choisis du XVIe siècle p. p. A. Darmesteter et A. Hatzfeldt, 2. Aufl. Paris 1882 (Abkürzungen für Ausgaben von Schriftstellern s. umstehend). Daneben leisteten gute Dienste Quicherat[3]), Tobler,[2]) Lubarsch,[4]) sowie die Arbeit von Rochat in Eberts Jahrbuch Bd. XI, 65 fgg.[5]).

---

[1]) Über die Cäsur im Altfranzösischen, Diss., Greifswald 1884.
[2]) Vom französischen Versbau alter und neuer Zeit, 2. Auflage, Leipzig 1883.
[3]) Traité de versification française, 2. Aufl., Paris 1850.
[4]) Französische Verslehre, Berlin 1879.
[5]) Etude sur le vers décasyllable.

Abkürzungen.

Baïf: Poésies choisies de J.-A. de Baïf p. p. Becq de Fouquières; Paris 1874.
Bellay: Œuvres françoises de Joachim du Bellay p. p. Marty-Laveaux; 2 Bde. Paris 1866--1867.
Chans.: Chansons du XVe siècle p. p. Gaston Paris. Paris 1875 (Société des anciens textes) zitiert nach Gedichtsnummer und Vers.
Chart.: Les Œuvres de Maistre Alain Chartier etc., éd. André du Chesne Tourangeau; Paris 1617.
Ball. Chart: Rondeaux et ballades inédits d'Alain Chartier publiés d'après un ms. de la biblioth. méjanes à Aix. — Caen 1846.
Ch. d'Orl.: Les Œuvres du duc Charles d'Orléans, éd. Ch. d'Héricault. 2 Bde. Paris 1875.
Christine: Christine de Pisan, in Bartsch, Chrestomathie de l'ancien français. 4e éd. Leipzig 1880. Sp. 439-441.
Collerye: Œuvres do Roger de Collerye p. p. M. Charles d'Héricault. Paris 1857.
Coquill.: Œuvres de Coquillard par Charles d'Héricault. 2 Bde. Paris 1857.
Cretin: Les poesies de Guillaume Cretin (du Bois). Paris 1723.
Desch. ball.: Œuvres complètes de Eustache Deschamps p. p. Le Queux de Ste. Hilaire. 3 Bde. Paris 1878--82 (Société des anciens textes) zitiert nach Gedichtsnummer und Vers.
Farces: Recueil de farces, soties et moralités du quinzième siècle p. p. P. L. Jacob. Paris 1859.
Jodelle: Les Œuvres et Melanges poetiques d'Estienne Jodelle p. p. Marty-Laveaux. 2 Bde. Paris 1868-70 (Die Dramen sind nach Akt und Vers zitiert).
Lemaire: Œuvres de Jean Lemaire de Belges p. p. J. Stecher. 3 Bde. Louvain 1882-1885 (Die Zitate sind sämtlich dem dritten Bande entnommen, die Bandzahl deshalb nicht angegeben).
Marot: Œuvres complètes de Clément Marot p. p. M. Pierre Jannet. 4 Bde. Paris 1858-1867. Biblioth. elzévir.
Martial: Les poesies de Martial de Paris dit d'Auvergne. 2 Bde. Paris 1724.
Rabelais: Les oeuures de maistre François Rabelais p. p. Marty-Laveaux. 4 Bde. Paris 1870-1881.
Rec.: Recueil de poésies françoises des XVe et XVIe siècles p. p. M. M. Anatole de Montaiglon et James de Rothschild. Paris 1855-1878.
Ronsard: Œuvres complètes de P. de Ronsard p. p. M. Prosper Blanchemain. 8 Bde. Paris 1857—1867.
Villon: Œuvres de François Villon p. L. Jacob. Paris 1854. Biblioth. elzévir.
Ein D. hinter dem Schriftstellernamen bedeutet: Darmesteter-Hatzfeldt, Morceaux choisis. Paris 1882, 2. Aufl.
Vgl. = Versglied.

Vorbemerkungen.

I. Weibliche Cäsur.

Die weibliche Cäsur auf betonte Silbe + weiblicher Endung, auch epische[1]) Cäsur genannt, findet sich in unserer ganzen Periode bis zum XVI. Jahrhundert. So finden wir:

Se li bon fussent	amé et soustenu	Desch. ball CCCLXXXIII.
Redemptueuse	Marie tres amable	„ „ IX.
Moult belle Dame	qui bien parler sçavoit	Chart. fort 189.
Ne je ny treuue	gueres damendement	Ball. Ch. III 14.
„ Home sage	. . . . . a puissance	
Sur les planètes	et sur leur influence."	Villon 195.
Mon amy m'aporte	seincture dorée	Chans V 14.
Et aimoit povres	orphelins, femmes veufves	Martial II 196.
Adonc se vengent	chiens et levriers en crouppe	Cretin 92.
Et sur la lettre	ma responce envoyer	Collerye 50.

Noch von Clément Marot wird dieselbe verwandt, indessen nimmt derselbe Veranlassung, in der 1532 verfassten Vorrede zu seiner ‚Adolescence clementine' sich deshalb zu entschuldigen. Es heisst daselbst (éd. Jannet IV 189): *... mais l'Adolescence ira devant, et la commencerons par la première eglogue des Bucoliques virgilianes, translatée (certes) en grande jeunesse, comme pourrez en plusieurs sortes congnoistre, mesmement par les couppes femenines que je n'observois encor alors, dont Jehan Lemaire de Belges (en les m'aprenant) me reprint.*[2]) Auf diese Stelle ist wohl die Meinung basiert, dass, wie fast allgemein angenommen wird (vgl. Quicherat a. a. O. S. 327; Tobler S. 83[2], der vorsichtig ein ‚wie es scheint' hinzufügt;

---

[1]) Über den Namen vergl. Lubarsch, Verslehre S. 121, und Tobler, Versbau S. 86[2].

[2]) Zitiert bei Quicherat a. a. O. S. 328; Tobler S. 83[2]; Kenter, Clément Marots Metrik in Herrigs Archiv XXXVI Bd. 68 S. 340.

Johannesson[1]) S. 60; Keuter im Archiv S. 340), Jean Lemaire in seinen Werken ein direktes Verbot der weiblichen, auf nicht elidierbare Silbe auslautenden Cäsur ausgesprochen habe. Dem ist aber nicht so, in den sämtlichen Werken Lemaires findet sich weder eine solche Regel noch auch eine Stelle, die darauf hin gedeutet werden könnte,[2]) wir müssen also annehmen, dass diese Vorschrift durch mündliche Übertragung von Lemaire zu Marot gelangt sei, oder aber, dass letzterer dieselbe aus den Dichtungen des flandrischen Poeten selbständig abgeleitet habe. Diese letztere Möglichkeit ist nicht unwahrscheinlich, da die epische Cäsur in den Werken Lemaires ausserordentlich selten vorkommt, z. B. findet sich (auf S. 3—37 vgl. unten die Tabelle) in ca. 1000 Versen nicht eine einzige vor; und überhaupt begegnen in Band III (der allein von den bisher erschienenen poetische Stücke enthält) im ganzen nur fünf derartige Cäsuren (der Herausgeber merkt nur bei einer derselben an [S. 182 Anm.]: Remarquez plus haut la césure incorrecte); nämlich:

Si ha encores	d'autres noms plus de quatre	pag.	54.
Estes vous donques	esbahis orendroit	„	164.
Grebant qui pleure	d'vn bon Roy la compaigne	„	172.
Loys douziesme	du Francigene throne	„	177.
Et tousiours tache	leur bon bruit maculer	„	182.

Wie dem auch sei, jedenfalls müssen wir, so lange nicht für die Behauptung, dass Lemaire der Urheber des Verbotes der auf nicht elidierbare weibliche Endung ausgehenden Cäsur sei, eine bessere Stütze als die Bemerkung Marots beigebracht ist, ihm dieselbe absprechen.

Wir bezeichnen nun vielmehr als denjenigen, der zuerst an den Dichter die Forderung gestellt hat, die weibliche Cäsur zu meiden, falls nicht durch folgenden Vokal Elision

---

[1]) J., die Bestrebungen Malherbes auf dem Gebiete der poetischen Technik in Frankreich. Diss. Halle 1881.

[2]) Der Herausgeber der Werke Lemaires, Herr Prof. J. Stecher in Lüttich, hatte die grosse Güte, mir in bezug hierauf über den vierten noch nicht erschienenen Band der Ausgabe Mitteilung zu machen, wofür ich demselben auch an dieser Stelle meinen Dank ausspreche.

möglich ist, Fabri, in dessen 1521 erschienenen ‚Le grand et vray art de plein rhetorique' die weibliche Cäsur auf den angegebenen Fall eingeschränkt wird. Die Stelle lautet: „*Jtem il (le facteur*, d. h. der Dichter) *doibt euiter les couppes femenines, s'ilz ne sont synalimphées!*" (vgl. Zschalig, die Verslehren von Fabri, du Pont und Sibilet. Heidelberger Dissertation, Leipzig 1884, p. 46).

Übrigens finden sich bei Marot ausser den in der Übersetzung der ersten Vergilischen Ekloge vorkommenden vier Cäsuren (éd. Jannet III 122,4; 124,2; 125,24; 125,34; angeführt noch bei Quicherat p. 326; Tobler p. 83[2]) auch in den späteren Werken noch vereinzelte Fälle (nach Keuter a. a. O. S. 340 im ganzen 14), wir führen folgende an:

Enfin demeure	chetif ou insensé	Enfer 144.
L'eau ont laissée	de la fontaine vive	Bd. I 85.
Et ne voulut... Estre vengée	combien qu'elle fut grande	„ I 91.
Elle contente	d'avoir changé demeure	Sonnet à Petrarque.
Qu'à leur goust trouvent	bonnes viandes fades	Keuter a.a.O.S. 335
Qu'oncques Thisbée,	qui à la mort s'offrit.	Ep. I 161.

Auf den Zwölfsilbner wurde die Vorschrift der Elision bei weiblicher Cäsur erst ausgedehnt durch Sibilet in seinem art poetique von 1548. So finden wir denn epische Cäsuren in folgenden Versen:

L'istoire de Josèphe	des guerres de Iudée'	Coquillart I 3.
De friende fumelle	le devant fort batu	Collerye 263.
Au ministere vtile[1])	de ceux qui pour les Princes...	Jodelle II 236.
Par ceste grand allee	que i'ay fait ordonner	„ II 187.
Tenant de sa main belle	son jeune enfant Amour.	Baïf 192.
Et me hantant luy mesme	de sa mere les tours	„ 192.
Ce ne fut leur epée	dont la terre conquirent	„ 333.

Der Herausgeber Baïfs weist in einer Anmerkung richtig auf die ältere französische Dichtung und auf den betreffenden Abschnitt Quicherats hin.

Wenn wir neben den angeführten Versen noch folgende finden:

Entone, je te prie,	dans tes rives ma voix	Baïf 143

---

[1]) Bei diesem Verse bemerkt der Herausgeber Marty-Laveaux die Unregelmässigkeit und schlägt vor, *util* zu lesen. Diese afr. Form findet sich auch bei Ronsard und Desportes; Malherbe tadelt die Freiheit bei letzterem s. Kalepky, Diss. S. 12.

so liegt hier nur eine abweichende Schreibung für die ältere, etymologisch richtigere Form *pri* vor[1]), vgl. Tobler S. 42[2]; Johannesson S. 61; Kalepky, In welchem Umfange wollte Malherbe in der poetischen Technik (Versbau und Reimkunst), welche er vorfand, Änderungen herbeiführen? Diss. ¦Berlin 1882, S. 19.

Neben der eben besprochenen Cäsur kommt nun noch, und zwar bis auf Marot, eine Cäsur vor, welche im Gegensatz zur epischen, die eine überschiessende Silbe zeigt, den Versiktus nicht auf der eigentlichen Cäsursilbe trägt, sondern auf der der Cäsursilbe vorangehenden, also im Zehnsilbner, um den es sich allein handelt, auf der dritten Silbe z. B.:

. . . . . .	princes de hault parage	
Desiroient	s'amor et s'aliance.	Christine 439.
Ceuls s'accusent	qui dient mal d'autrui	Desch. ball. XX 8.
Mais les nobles	ont exaltation	Chart. nobl.[2]) 55.
Je desire	le jour du jugement	Ball. Chart. I 19.
Or la langue	seule ne peut suffire	
A vous rendre	suffisantes louanges	Villon 203.
Et avecques	Jeunesse m'en alay.	Ch. d'Orl I 2.
Pour la belle	que souvent je desire	Chans X 19.
Ou l'aveugle	que conduire convient	Cretin 96.
Delecterent	les oreilles des Dieux	Lemaire 110[3]).
La promesse	qu'à ma mort tu me feiz	Rec. III 26.
Ceste epistre	de cueur gay vous envoye	Collerye 37.

Man nennt diese Cäsur die lyrische, da sie in den epischen Gedichten selten sich findet, doch kommt sie bei Chartier auch in diesen vor, es überwiegt hier die Anwendung der lyrischen Cäsur die der epischen.

Auch bei vielen anderen Dichtern sind beide Arten der Cäsur neben einander gebraucht, indessen befindet sich fast durchgängig eine Art bedeutend im Uebergewicht; neben welcher die andere vollständig zurücktritt.

Was die enklitisch gebrauchten Wörtchen (ce, je, le)

---

[1]) Vgl. übrigens fg. Vers:
   Mais je vous pri',   voyez un peu sa grace   Baïf 82.
[2]) breviaire des nobles.
[3]) Angeführt bei Quicherat a. a. O. S. 329.

betrifft, so scheint eine schwankende Praxis geherrscht zu haben, denn man findet dieselben sowohl in männlicher Cäsur (und dies ist der bei weitem überwiegende Gebrauch), wie anch in weiblicher, das letztere nur in solchen Cäsuren, bei denen infolge des vokalisch anlautenden zweiten Versgliedes Elision möglich ist.

a. männlich:

Par avant ce	qu'il preist char humaine	Desch. ball CXCII.
Et chercher ce	qu'il ne vouldroit trouuer	Chart fort 908.
Avecques ce	il vous fera serment	Ch. d'Orl I 11.
— Quand sera-ce? —	Quand seray hors d'enfance.	Villon 194.
Et vous doint ce	que vostre cueur desire	Chans p. 63.
Et avec ce	soubz luy bien entendions	Martial II 20.
Mais dedans ce	sont a bien les prendre	Cretin 71.
Jusques à ce	que la Court Olympique	Rec. IV 131.
Et que pour ce	de pecher ne se garde	Lemaire 55.
Avecques ce	je suis assez recors	Collerye 38.
Et dit que ce	m'est benediction	Marot I 95.

Vgl. Desch. ball LVII; LXIII; CII; CXXI; CXXXII; CXXXVIII; CLII; CLXIV; CLXXVI; CLXXVIII; CCXV; CCLXXXV (2 mal; CCLXXXIX etc.; Ch. d'Orl I 1; 95; 124; II 216; Villon 194; 219; 253; 254 (2 mal); Rec. I 37; IV 127; 188; 295; VI 22; 42; Martial II 22; 177; 178; 185; 194; Cretin 8; 71; 150; 151; 152; 201; Lemaire 13; 34; 46; 55; 69; 70; 77; 86; Collerye 167; 194; 207; 218; 240; Marot I 90; vgl. auch Quicherat S. 414.

Quant verray je	Justice en droit lien	Desch. ball CLXXXVIII
La verray je	jamais recompansée	Ch. d'Orl I 237.
Vaincus dis ie	voire pour la querele	Lemaire 80.
O que n'ay-je	la saigesse orendroit	Rec. IV 156.

Vgl. Desch. ball. CLXXXVIII; CLXXXVIII (7 mal); CCXXXV CCCCXVI; CCCCXXXVIII; Ch. d'Orl. I 82; 114; Martial II 28; Lemaire 3; 7; 26; 31; 52; 75; 80; 83; 102; 160; 168; 171 (2 mal); Chans. CXIV 13.

Merciez le	des biens qu'en son servage Avez receuz	Ch. d'Orl I 93.
Recevez le	s'il vous plaist et agrée	Ch. d'Orl II 24.
Secourez le	soyez luy compassible	Lemaire 92.
Regrectez le	vous tous rhetoriciens	Collerye 283.

b. weiblich:

Qu'il tient en tout ce	qu'il appartient au Roy	Cretin 200. (Ausn.)
Que n'est or' à ce	ung second Perse en vie	„ 168.
Leur advis sur ce,	et que chacun la voye	„ 194.

Donc que sera ce	au temps de ta vieillesse?	Marot El. XLIII 63.
Quel plaisir est-ce,	ainçois quelle merveille	Ronsard I 54.
Fussent-ils tyrans, est ce	ou s'armer ou escrire	
Cent libelles vilains?	. . . .	Jodelle II 148.

Beispiele für je:

Que vous diray-je?	En cet fait ne se fonde Le plus vaillant	Rec. IV 172
Souhaiterny je	avoir dame à plaisir?	
Desireray je	un regne ou un empire?	Marot ball. X.
Lors te plairois ie,	et ma triste laideur	Lemaire 5.

Vgl. Rec. V 256; Lemaire 15; 171; Marot I 102; Enfer 209; Ep. XLII 101; XLVIII 40; LII 92; LIX 66;

Überhaupt findet sich bei Marot und ebenso bei allen Dichtern nach ihm *je* nur in weiblicher Endung, ebenso wird *le* nur in elisionsfähiger weiblicher Cäsur verwendet:

Las! Punissez le ou bien luy commendez Marot El. XVIII.

Wenn wir vorher bei der Scheidung der Fälle das im Zehnsilbner an vierter Stelle befindliche Enklitikon als in männlicher Cäsur stehend bezeichneten, so haben wir damit schon im Voraus zu erkennen gegeben, dass wir dasselbe als **betonte** Silbe auffassen, abweichend von dem modernen Gebrauch, der schon bei Ronsard und seiner Schule[1]) herrscht. Es konnte dabei Zweifel entstehen, ob wir zu dieser Annahme berechtigt sind, da die Cäsuren mit einem Enklitikon in der vierten Silbe ja als lyrische Cäsuren aufgefasst werden könnten, die bei den Dichtern, denen die gefundenen Beispiele entlehnt sind, sehr zahlreich vorkommen (Deschamps, Villon, Lemaire u. s. w.), und da ja das Enklitikon in der Tat in einer weiblichen Endung erscheint, wenn es nach der betonten Cäsursilbe steht (s. die Beisp.). Wir haben uns für die betonte Aussprache entschieden, weil unter den im ganzen vorgefundenen ca. 90 Fällen (wir behandeln zuerst *ce*) nur in vier (bis Marot einschliesslich) weibliche Cäsur[2]) vorliegt, während in allen übrigen Fällen *ce* sich an vierter Stelle

---

[1]) Beispiele für *ce* sind oben angeführt, für *je* vgl. Ronsard I 12; 24; 46; 48; 49; 52; 65; 67, 94 etc.; Jodelle, Cleop. III 10; 34; V. 117; Didon II 221; IV 379, V 191; Baïf 159.

[2] Dieselben sind oben sämtlich angeführt.

(im Zehnsilbner) findet. Dieser überwiegende Gebrauch beweist wohl, dass der afz. Gebrauch, nach welchem *ce* (und *je*, auch unter den volleren Formen *cou* und *jou* vgl. Otten S. 1) stets in männlicher Cäsur verwandt wurde, noch nicht vergessen ist. Dazu kommt, dass Verbindungen wie *avecques ce, jusque ce*, bei der Annahme unbetonter Silbe des *ce* dem französischen Betonungsgesetz widerstreiten würden, das nicht zwei ganz unbetonte Silben hinter einander gestattet. Eine Stütze unserer Annahme bietet uns ferner der folgende sehr interessante Vers dar, bei welchem *ce* auf das betonte *é* eines Part. Pf. der a-Konjugation reimt:

| Si sommes nous | (quand bien i'y ay pensé) | |
| Tous deux egaux | et mesmement en ce | Lemaire 30. |

Ausserdem ist zu bemerken, dass von den aufgefundenen Beispielen in vieren das *ce* vor Vokal oder stummem *h* steht, nämlich:

Avecques ce	il vous fera serment	Ch. d'Orl I 11.
Avecques ce	humblement vous mercie	„ I 109.
. . . . . .	afin que deshonour	
N'aiez en ce.	et que grant et menour...	Desch. ball CLXV.
Avecques ce	ès Bourgs, Villes, champaistres	Martial II 191.

und auffälliger Weise lesen sich alle vier bei Annahme unserer Behauptung, dass *ce* eine betonte Silbe sei, bei weitem besser, als wenn wir für diese Verse lyrische Hiatuscäsur ansetzen wollten, wozu wir an sich nicht unberechtigt wären, da sich bei den drei Dichtern derartige Verse nicht selten vorfinden (vgl. unter Hiatus). Endlich ist darauf hinzuweisen, dass ce bei Deschamps zweimal mitten im Verse im Hiatus steht:

| Pour ce a tous | de prier leur souviègne | ball XLVI |
| Pour ce ¦ est foulz | qui telz crimes assemble | „ CCXVII.[1] |

Keuter a. a. O. S. 334 führt aus Clément Marot einen ähnlichen Vers an:

| Et ha esté | de ce exasperé | IV 359. |

Ähnlich als mit *ce* verhält es sich mit *je*, welches heut

---

[1] Dagegen findet sich häufig Elision, so XXIII 13; CXXII 23; CXLIV 9; CLXXI 10; CCCXXXII 22; CCCCXXII 19 etc.

im Gegensatz zu sämtlichen andern pron. pers. conj. ja auch nach dem Verbum in Fragestellung stets tonlos ist, so dass, falls eine tonlose Verbalendung vorangehen würde, diese einen Accent erhält (puissé-je). Wir finden dieses Pronomen ebenfalls meist in der vierten Silbe des Zehnsilbners, (bei Marot indessen und seitdem immer wird es nur in weiblicher Elisionscäsur verwendet).

Einmal findet sich *je* absolut gebraucht in der betonten Schlusssilbe des Verses:

Que nul n'est tant prochain de toy que ié Lemaire 82.

Daneben begegnet aber mit invertiertem pron.' pers. conj. beim Verbum:

Las, double helas, pourquoy donques la pers ie Lemaire 4 und
Trop maudit es: mais ia ne le croir'ay ie „ 192

und in diesen Fällen befindet sich *je* in weiblicher Endung. Derartige Freiheiten kommen überhaupt im Reime zuweilen vor, s. Quicherat S. 415; Tobler S. 125 fg. auch S. 23. Wenn Quicherat Reime wie *qui à ce: priasse* (bei Marot Ep. XLII), *peschez le: eschelle*[1]) nennt als „de très-mauvaises rimes" so passt das sehr gut zu unserer Annahme.

2. Elision.

Wenn wir nun auch gesehen haben, dass im XV. und XVI. Jh. noch epische und lyrische Cäsur vorkommen, so muss doch bemerkt werden, dass, je näher wir dem XVI. Jh. kommen, eine Form der weiblichen Cäsur immer mehr an Raum gewinnt, nämlich diejenige, die heut allein nur noch gestattet ist, bei welcher die überschiessende Silbe mit der vokalisch anlautenden ersten Silbe des zweiten Vgl. verschmilzt. Das älteste Beispiel einer Dichtung, in der bei allen weiblichen Cäsuren nach Elision gestrebt wird, bietet der Brun de la Montagne aus dem XIV. Jh., in dem von 314 weiblichen Cäsuren nur 16 vor konsonantisch anlautendem zweiten Vgl. stehen (vgl. Gröbers Ztschr. I 98 fgg.); indessen gelangte diese Beschränkung der weiblichen Cäsur erst unter

---

[1]) Rabelais I 12; bei Cretin *en ce: isolence* p. 13: *reverence* p. 25.

Clément Marot zur bewussten Durchführung, wie aus der oben angeführten Stelle in der Vorrede zu seiner ‚Adolescence clementine' hervorgeht. Die Vorschrift der Elision ist jedoch, wie wir oben nachwiesen, nicht von Lemaire, wie Marot und nach ihm Pasquier,[1]) sowie Quicherat und alle Neueren behaupten, sondern von Fabri zuerst schriftlich niedergelegt worden. Sonst würde der in den Werken Lemaires beobachtete Gebrauch durchaus nicht gegen seine Urheberschaft zeugen (vgl. unten die Tabelle).

Auch für den Zwölfsilbner, auf den nach Quicherat erst Sibilet die für den Zehnsilbner schon bestehende Regel übertrug, beobachte Lemaire schon denselben Gebrauch; so finden wir (éd. Stecher III 128—131) in 108 Versen (es sind dies die einzig angetroffenen) neben 18 Elisionscäsuren keine einzige sogenannte epische Cäsur, was wohl schwerlich nur auf Zufall beruht.

Die einmal vorhandene Vorschrift wurde ziemlich willig befolgt, so dass bei den Dichtern der Plejade Verse wie die oben angeführten, bei denen Elision des weiblichen e wegen konsonantisch anlautenden zweiten Vgl. nicht möglich ist, zu den grössten Seltenheiten gehören. Dass die Neuerung durchaus noch nicht allgemein angenommen war, beweist der Umstand, dass Pasquier in seinen Recherches cap. VII den Gebrauch noch einmal ausdrücklich billigen zu müssen glaubt. Seitdem finden wir keine weiblichen Cäsuren mehr vor, die nicht durch Elision mit dem folgenden Vokal die überschiessende Silbe tilgen. Indessen hat sich eine Erinnerung an den alten Brauch erhalten in den vielfach in der Cäsursilbe verwendeten abgekürzten Formen, in denen an Stelle des regelmässigen e ein Apostroph gesetzt ist:

Bien que tu n'ay's	au taureau faict retour	Bellay I 118.
Et de Neptun'	le courroux luy conta	Rons. III 91.
Lors qu'ils estoient encor'	de neige tous couuers	Jodelle II 6.

Eine auffällige Erscheinung bieten uns noch die Verse dar, in denen bei weiblicher epischer Cäsur das zweite Vgl.

---

[1]) Les Recherches de France d'Estienne Pasquier, Paris 1607.

um eine Silbe verkürzt ist (vgl. Quicherat S. 323; Rochat a. a. O. S. 83; Tobler S. 86.). Dieselben stehen ganz vereinzelt da, und sind wohl besser als cäsurlos anzusehen; uns sind nur fgde. begegnet:

Que la victoire	venoit avec toy	Desch. ball CCXXII.
Dont sourt riotte,	discords et desbats	Chart. fort 1060.
Rothes, guiterne	flaustes, chalemie	Desch. ball CXXIV.
Philippe Auguste	fort me honora	Martial I 63.
…veoir…La belle Hélène	en tous lieux et places	Collerye 28.

Baïf, bei dem sich in einem aus Alexandrinern bestehenden Gedicht (éd. Fouq. S. 365—366) drei nach demselben Grundsatz gebildete Verse finden, scheint das italienische Verfahren vorgeschwebt zu haben, nach welchem zwar auch an der Cäsurstelle des Verses eine betonte Silbe stehen muss, aber diese nicht notwendiger Weise mit der Schlusssilbe eines Wortes zusammen zu fallen braucht (Quich. 322):

Écoutons le ramage	des rossignolets	Baïf 365,8.
Se presentant à faire	chapeaux et bouquets	„ 365,18.
Fretillante de l'aile	se baise en amour	„ 366,1.

3. Hiatus.

Das Wort „Hiatus" tritt nach Zschalig S. 53 zum ersten Mal in der französischen Poetik bei Fabri auf in seinem schon erwähnten Vray art etc. vom Jahre 1521, wenn auch dort in anderem Sinne als heut. Die Erscheinung selbst, das Zusammentreffen von zwei Vocalen, bei denen Elision nicht möglich ist, wird schon verurteilt von Deschamps in seinem Art de dictier etc., éd. Crapelet 267 (zitiert nach Rochat a. a. O. S. 78).

Indessen finden wir den Hiatus zwischen der Cäsur- und der ersten Silbe des zweiten Vgl., der im Afz gestattet war, auch noch in unserer ganzen Periode, denn Malherbes Verbot gehört erst dem XVII. Jhd. an.

Die fg. Beispiele sind mit Rücksicht auf Braam, Malherbes Hiatusverbot und der Hiatus im Nfz., Leipzig 1884, S. 55 gewählt, so dass also meist *a*, *ai* oder *oi* vor fg. Vokal steht; in einigen Fällen stossen gleiche Vokale zusammen:

J'ay leu et veu	une moralité	Desch. ball XXXVI
Qui iuques cy	ont au monde vescu..	Chart reg. II.[1]
Enraciné	en mon cueur proprement	Ball. Chart III 2.
Qui sera roy	entr' eulx est grant debat	Ch. d'Orl I 114
Appaise-toy,	et mectz fin en tes diz	Villon 227.
Mon amy, la nuit s'en va	et le jour vient.	Chaus XXX
Car couleurs n'ay,	et n'en porteray mie	Marot Ep. VI.
Où il n'y a	art ne façon subtile	Collerye.
Puis en viendra	vn qui tous autres passe	Rabel 1 15.
Qui ne font cas de luy:	il brusle d'auarice	Bellay II 202.
Escoute du Bellay,	ou les Muses ont peur	Ronfard II 170.
Oster ou autre Roy	et l'autre hazarder	Jodelle II 132.
La nuit s'en va	avecque la nuit brune	Baïf 205.

Hiatus in der Cäsur findet sich zuweilen (vgl. die Tabelle) selbst dann, wenn (bei der lyrischen Cäsur) die Cäsursilbe unbetont ist[2]):

---

[1]) Le regime de fortune en sept ballades.

[2]) Eine Bemerkung über diese lyrische Hiatuscäsur finden wir bei Fabri. Wir fassen dabei die bei Zschalig S. 46 zitierte Äusserung anders auf als dieser. Z. scheint dort nämlich die lyrische und epische Cäsur, die Fabri beide weibliche nennt, nicht genügend auseinander zu halten (Übrigens liegt dieser Fall auch vor bei Sainte-Beuve a. a. O. S. 31, wo derselbe als Beispiel für *couppe feminine* fg. Vers Villons, der lyrische Cäsur hat, anführt: *Blanche, tendre, pollie et attainctée*, und als Elisionscäsur: *Des que m'amie est un jour sans me voir)*. Z. stellt die folgenden beiden Regeln zusammen: 1) „*mais se alcuns* (sc. *des termes feminins*) *y en avoit, et le mot subsequent se commençoit par vocal, encore ne la fault il point synalimpher*"; dazu die Beispiele: „*Vierge, mere et fille especialle, Clere estoille en paradis luysante*"; 2) „*Item il (le facteur* d. h. der Dichter) *doit euiter les couppes feminines, s'ilz ne sont synalimphées*". und findet, indem er beide Regeln auf eine Art der weiblichen Cäsur bezieht, einen Widerspruch. Dieser ist aber unserer Ansicht nach gar nicht vorhanden, denn in den zur ersten Regel angeführten Beispielen liegt lyrische Hiatuscäsur vor, und Fabri hat Recht, wenn er hier verbietet, die vierte Silbe zu verschleifen, da ja sonst das erste Vgl. nur drei Silben zählen würde. Dagegen handelt es sich bei der zweiten Bemerkung um epische Cäsur, und hier will Fabri die *couppes feminines* nur zu lassen, wenn die weibliche Endung elidiert wird. Damit ist auch die gewaltsame Erklärung des Widerspruchs überflüssig, die Z. annimmt, (als gäbe die zweite Regel nicht Fabris eigene, sondern die, gewissermassen als Anerkennung und Zusatz,

Orgueil s'emfle	et rougist de detresce	Desch. ball. CCCXCVI.
Où à elle	il vault mieulx de toy rendre	Ch. d'Orl I 8.
Je les laisse	à mes hoirs et parenz	Rec. V 153.
Calliope	et toutes neuf Muses	Cretin 40.
Marchandise	estoit lors en sa vogue	Martial II 17.

Vgl. Desch. ball. XXIII 24; XXVIII 21; LII 18; CXCIV 4; CCXXVIII 21; CCLXXII 4; 12; CCCLX 30; CCCLXIII 51; CCCLXV 34 etc. Chart fort 67; 593; 617; 714; 781; 798; 980; 1197; Plais. 2; 177; Ch. d.'Orl I $97_{,8}$; $191_{,18}$; Rec. I $38_{,15}$; $39_{,20}$; $58_{,21}$; $59_{,4}$; $60_{,17}$; $61_{,1}$; $62_{,9}$; $63_{,1}$; II $120_{,16}$; $227_{,13}$; $236_{,2}$; $_{28}$; $237_{,10}$; $258_{,1}$; $_7$; $259_{,3}$; IV $182_{,1}$; V $150_{,24}$; $153_{,14}$; $_{19}$; VI 160; 177; Martial I $64_{,26}$; $65_{,8}$; $71_{,4}$; $73_{,19}$; II $17_{,17}$; $19_{,27}$; $20_{,13}$; u. s. w. Cretin $143_{,14}$; Collerye 182; 193; 281; Lemaire 159.

beigefügte Bestimmung eines andern), auffällig ist dabei allerdings das Beispiel, welches Z. in des Anm. 2 S 46 zitiert; dort liegt epische Cäsur vor: *Et ta respónce   estoit bien gracieuse;* vielleicht handelt es sich hier um ein Versehen Fabris.

Verhältnis der verschiedenen Cäsuren zu einander:

Schriftsteller	Zeilen-zahl	episch	Elision	lyrisch	lyr. Hiat	unregelmässig	gewöhnlich	In Prozenten episch	Elision	lyrisch	lyr. Hiat	sonst
Desch. I ball. XIX—LXVI	1016[1])	0	10	91	2	5[2])	89,3	0	1	9,2	.	.
Chart fort.	934	6	46	158	9	7	76	0,6	5	17	.	1
Ball. Chart. I—IV[3])	135[1]	1	4	19	.	2	81	0	3	14	.	.
Ch. d'Orl. I 1—12	400	.	1	53	4	.	85,5	.	.	13	1	.
Villon	506[1])	5	9	65	.	.	84,3	1	1,7	13	.	.
Chans. [Zehnsilbn.] XXIII—CXXIV	448[1])	32	5	17	1	.	88,6	6,6	1	3,6	.	.
Chans. [Alexandr.]	72	31	15	0	.	.	36	43	21	.	.	.
Rec I 55—77	192	3	16	27	8	.	71,9	1,6	8,3	14	4,2	.
„ VI 10—44	892	5	2	18	.	.	97	.	.	2	.	.
„ VI 158—170 [Epithaphe]	269	33	22	2	2	1	78	12	8	0,8	0,8	.
Coquillart I	161[1])	4	17	4	.	6	80,8	2,5	10,5	2,5	.	.
Farces [S. 8—436]	156	5	5	2	.	.	92,3	3	3	1,5	.	.
Cretin [S. 1—38]	764	3	143	.	.	.	81,5	.	18	.	.	.
Christine bei Rtsch.	79	.	1	2	.	.	96,2	.	1,3	2,5	.	.
Martial I u II	1498	96	48	153	33	.	77,7	6,4	3,2	10,2	2,2	.
Rabelais I—III	682	1	68	.	.	.	90	.	10	.	.	.
Lemaire III 3—37	956	0	126	.	.	.	86,8	0	13,2	.	.	.
„ III 158—185	726	4	96	.	0	1	86,2	0,6	13,2	.	.	.
„ III 128—131 [Zwölfsilbn.]	108	.	18	.	.	.	83,3	.	16,2	.	.	.
Collerye: Epistres III—XXI	691	4	16	14	.	.	95	0,6	2,3	2	.	.

---

[1]) Die Refrainzeile ist stets nur einmal gezählt.
[2]) Verse, bei denen die Cäsur an der gewöhnlichen Stelle nicht möglich ist.
[3]) Nr. III abgedruckt Villon éd. Jacob S. 355 fg.

4. Reim.

Da im XV. Jhd. der Begriff der Poesie dahin ausgeartet war, dass man nicht mehr auf einen gediegenen poetischen Inhalt der Gedichte das Hauptaugenmerk legte, so gelangte man bald dahin, nicht jenen, sondern vielmehr die äussere Form des Gedichtes für das Wesentliche zu halten. Die *rithmeurs*[1]) überboten sich daher gegenseitig in Spielereien mit Worten[2]), was für den Sinn natürlich nicht gerade sehr vorteilhaft war. Daher klagt Pasquier in seinen recherches lb. VII 12, es fände sich in diesen Spielereien *„prou de rimes et equivoques mais peu de raison"*.

Wie nun die Reime am Versschluss immer komplizierter wurden, so dass man schliesslich ganze Wörter, ja Versglieder reimte, so schritt man bald dazu, auch die Cäsur in diese Spielereien hineinzuziehen und in den Reim zu verflechten.

So zitiert Pasquier Recherches S. 932 aus Cretin folgende Verse:[3])

Si quelquefois	ay renom merité
Fix par escrits	i'ay sceu qu'vn jour a Hau
Fis pareil cris	qu'homme qui souffre ahan,
Port'ant le faix	de guerre et ses alarmes.
Portant le faix	qu'elle prouoque à l'armes
Tes doux yeux secs,	et sur eux l'eau tost rend,
Telz douze excez,	(plus soudain que torrent
Laisse courir	son cours) perdroient tes forces
Les secourir	est besoing que t'efforces.

Bellanger bringt in seinen „Etudes sur la rime, Paris 1877" S. 14 ein noch besseres Beispiel aus Molinet bei:

L'ire des Roys	faict or' dedans ce livre
Lire des Roys,	et tour de dance livre
Si oultrageux	que du hault jus qu'à bas
Si oultre à jeux,	onc ne mect jus cabatz;
Doubter deust-on	que soyons des ans seurs,
De oster du ton	la dance et les danceurs,
Tournay entour,	sa folle oultrecuidance,
Tournoye en tour	se affolle oultre qui dance.

---

[1]) Marot I 149 fg. [2]) Farces S. 275. Bellanger S. 7. [3]) Eine weitere Stelle findet sich Quicherat p. 468, sowie bei Darmesteter et Hatzfeldt, le Seizième siècle p. 82.

Bellanger nennt diese Verse mit Recht „*les plus rimés assurément qui aient jamais été écrits en français*", denn ausser dem Reim am Versende, der sich zuweilen über das ganze Vgl. erstreckt, bemerken wir noch, dass immer je zwei erste Vgl. (bis zur Cäsur, aus welchem Grunde die Verse auch von uns angeführt werden) in der Aussprache vollständig übereinstimmen. Von anderen, häufiger vorkommenden Verkettungen der Cäsur mit dem Versschluss sind noch mehrere Arten zu unterscheiden; in der rime batelée verband man die Cäsur mit dem Versende des vorhergehenden Verses; bei der rime renforcée[1]) stimmten Cäsur und Schlusssilbe des Verses lautlich überein; bei der rime brisée reimten die Cäsuren zweier auf einander folgender Verse.

Rime batelée bietet uns folgendes Beispiel dar:

Que n'est or'à ce ung second Perse en vie
On ung Lucain? qu'est-ce, mais que sera-ce?
Armes cuyrace et lance suivant race
de gens sans grâce, homme en jeu ne l'envye,
France et ravye âme ne la convye
De prendre envye etc. . . . Cretin 168.

Vers 3 und 5 enthalten zugleich rime renforcée, zwischen 3 und 4 findet rime brisée statt, ebenso zwischen V. 5 und 6. Noch seien folgende Verse angeführt:

Est-il estat que vivre plaisamment
Joyeusement, sans aucun plaisir prendre;
Boire d'autant, manger pareillement
Abondamment, et puis honnestement
L'esbatement et le jeu entreprendre.
A bien comprendre, et la matiere entendre,
Chascun doit tendre à tenir cest usage.
Il est bien Fol qui cherche son dommage. Farces S. 304.

Cf. Farces 429; Ste-Beuve a. a. O. S. 191 (zit. bei Quicherat S. 466 Anm. 1); Collerye S. 25 fg. und S. 29; Cretin 49; Marot Chans. IV; Rabel. I 193; einzelne Verse: Desch. ball LXIII 3; LXXXI 25; LXXXVII 25; LXXXVIII 17; CXIV 1; CXVII 4; CLXIII 22; CLXXX 19; CCCXVIII 52; CCCCXXXV 7; Martial II 195,10; Lemaire 24,16; 54,6; 103,20; 173,7; Marot II 81; Jodelle, Cleop. II 95; III 3; V 10; 28; 45; Didon III 166; Baïf 6,24; 11,15; 34,8; 37,15; 109,16; 145,15; 209,25.

---

[1]) So bei Quicherat S. 466 fg., Tabourot nennt solche Verse *vers leonins*; als Erfinder der rime batelée wird von Croy Molinet genannt.

Rime renforcée stellt sich gewöhnlich auch ein bei Verwendung von rime batelée (s. die angeführten Beispiele). Auch sonst findet sich diese Erscheinung:[1])

    Pour asseruir   l'homme et l'aneantir   Jodelle II 92.

Vgl. Desch. ball LXXIX 11; XCIII 31; CXVII 5; CLXXII 2; CLXXIV 10; CCCLXXXIV 23; CCCCXXV 6; Martial 1 72,$_{31}$; II 195,$_{11}$; Lemaire 4,$_{14}$; 6,$_{17}$; 15,$_{2}$; Ronsard I 44,$_{4}$; 54,$_{1}$; 133,$_{1}$; 135,$_{10}$; Baïf 3,$_{31}$; 5,$_{22}$; 36,$_{19}$; 40,$_{19}$; 101,$_{24}$; (cf. Grœbedinkel S. 115).

Am häufigsten findet sich rime brisée, die auch von Malherbe nicht getadelt wird (cf. Grœbedinkel S. 114). Cäsurreim durch ein ganzes Gedicht finden wir rein durchgeführt in fg. Versen:

Temps sans cremeur,	temps de perdicion,
Aage tricheur,	tout va desloiaument,
Temps en erreur,	pres de finicion,
Aage robeur,	plein de ravissement,
Temps, voy ton cuer,	vien a repentement;
Aage pescheur,	de tes maulx merci crie;
Temps seducteur,	impetre sauvement,
Aage en tristour[2]	qui abrege la vie.

Desch. ball XXXI.

Man vgl. Desch. ball IX; XVIII; CCCVII; Chans. p. 46; Rec. I 35;

Einzelne Verse: Desch. ball LX 19; LXIII 4; 8; LXV 18; LXVII 4; LXXII 29; LXXVII 13; LXXXII 15; LXXXVI 10; LXXXVII 27; LXXXIX 7; CXII 25; CXXV 1; CLXXXIX 37; Chart. fort 950; Chart. Ball III 27; Ch. d'Orl I 23,$_{11}$; 10,$_{28-30}$; II 64,$_{23}$; 137,$_{18-21}$; 144,$_{29}$; Villon 197,$_{7}$; 217,$_{10}$; Martial II 23,$_{13}$; Lemaire 4,$_{16}$; 6,$_{28}$; 8,$_{20}$; 10,$_{15}$; 13,$_{24}$; 15,$_{14}$; 18,$_{5}$; 19,$_{22}$; 20,$_{10}$; 24,$_{19}$; 26,$_{22}$ etc.; Marot I 69; 72; 82; Enfer 2—5; 144; 146; 149; 197—99 (Kreuzreim cf. Quicherat 323); 370; Egl. I 72; II 25; 114; 165; Ep. LV 47; El. 1 92; 128; 151; VI 4; VII 3; X 21; XI 18; 26; XXV 27; Bal X 2: Rec. VI 4; 146,$_{26}$; 150,$_{15}$; 163,$_{7}$; 165,$_{3}$; 169,$_{18}$; Collerye 35; 49; 161; 162; 170; 195,$_{2}$; 10; 13; Bellay I 85; 88; 104; 135; 318; 325; 336; II 70; 142 (über Jodelle, zitiert bei Pasquier 873); 266; Ronsard I 12,$_{22}$; 14,$_{12}$; 15,$_{66}$; 41,$_{16}$; 44,$_{15}$; 46,$_{13}$; 56,$_{17}$; 67,$_{11}$; 77,$_{19}$; 85,$_{25}$; 86,$_{14}$; 90,$_{20}$ etc.; II 400; III 170; 189; 269; Jodelle, Prol. Eug. 38; Didon II 379; III 248; Cleop. IV 169; œuvr. II 42; 121; Baïf 5,$_{13}$; 8,$_{12}$; 12,$_{3}$ 24,$_{23}$; 41,$_{34}$; 42,$_{1}$; 50,$_{13}$; 54 (4 mal); 55,$_{28}$; 70,$_{20}$; 78,$_{15}$; 79,$_{4}$; 82,$_{111}$; 95,$_{2}$; 102,$_{14}$; 164,$_{2}$; 350.

---

[1]) Wir nennen es nicht Reim, wenn in den betreffenden Stellen sich die gleichen Worte gegenüberstehen, wie in fg. Vers:
Saillant d'une demeure   *en une autre demeure* Baïf 142.

[2]) In Strophe 3 steht das lautlich passendere tristeur.

Wir führen noch einige seltenere Arten des Reimes an:
Reim zwischen Cäsur und Schluss des fg. Verses (Grœbedinkel S. 115): Desch. ball LXIII 9; 17; IX; XVIII; LXXXVII 26; CXXII 21; Martial II 193, 19; Collerye 26, 8; Angoul-D. 194, 28; Baïf 15, 12; 100, 5; 109, 18; 120, 1; 208, 18.

Reim zwischen den Cäsuren zweier Verse, die durch einen dazwischen liegenden getrennt sind:

Desch. LX 3; 14; LXXVI 1; LXXXVIII 10; CXLIII 13; CLII 7; CLXXI 6; CLXXXIII 20; CCCXVIII 44; Marot Egl II 23; 114; El I 50; XV 47; XXIV 28; Ep. XIII 82; 126; 216; Ronsard I $42_{,6}$; $57_{,11}$; $63_{,5}$; $65_{,3}$; $77_{,17}$; $81_{,11}$; $86_{,10}$; $95_{,8}$ etc.; Baïf $12_{,22}$; $54_{,15}$; $76_{,8}$; $78_{,2}$; $79_{,24}$; $84_{,19}$; $85_{,15}$; $95_{,6}$; $98_{,9}$; $199_{,9}$; $201_{,12}$; $204_{,8}$ etc.

Rime couronnée findet sich in der Cäsur bei Cretin S. 270 (zitiert bei Quicherat 460 fg.; Bellanger a. a. O. S. 11.):

Molinet net   ne rend son canon non,
Trop de vent vend,   et met nos esbas bas;
Bon credit dit,   qui donne au renom nom,
Mais effors fors   tornent en bran son son.

5. Cäsurstelle.

Zehnsilbner.

Von den cäsurhaften Versen behauptet der Zehnsilbner die Beliebtheit, deren er sich im Afz. erfreute (Otten S. 7), auch in unserer ganzen Periode, ja in erhöhtem Masse. Sein Gebrauch ist der ausgedehnteste, der sich denken lässt, er heisst deshalb bei den Dichtern „vers commun"[1]. Ronsard zieht ihn bei der Abfassung seiner Franciade noch dem Alexandriner vor, weil (— er ist hierin derselben Ansicht wie Meschinot und Cretin) seine Anwendung mehr Kunstfertigkeit beanspruche und nicht so leicht sei, wie die ewig wiederkehrenden einförmigen Abschnitte des Alexandriners. Die Cäsur fällt im Zehnsilbner gewöhnlich nach der vierten Silbe. Es gilt, wie wir oben gesehen haben, dabei gleich,

---

[1] Vgl. Ronsard, Vorrede zur Franciade, éd. Blanchemain III 16; L'art poétique de Vauquelin de la Fresnaye p. G. Pelissier, Paris 1885, J 52; Quicherat S. 177 Anm.

ob diese eine betonte ist, wie bei der gewöhnlichen männlichen Cäsur, der rein epischen und der Elisionscäsur, oder unbetont wie bei der lyrischen (und lyrischen Hiatus-) Cäsur. Man kann nun für unsere Periode nicht mehr den tiefgreifenden Unterschied aufrecht erhalten zwischen Epik und Lyrik, wie er fürs Afz. bestand; chansons de geste finden wir im XV. Jh. nicht mehr vor, sie sind vollständig in Vergessenheit geraten. Dagegen sind zahlreich die Balladen, chants royaux, chansons und ähnliche Gattungen, und bei diesen finden wir, dass sie sehr viele lyrische Cäsuren enthalten. Diese oft sehr umfangreichen Gedichte (Chart. fort. zählt über 1200 Verse) sind nun aber wohl niemals zum Gesang bestimmt gewesen, für sie kann also auch der Zwang, den die stets gleiche Beschaffenheit der Singweise für gleiche Abschnitte bedingt, nämlich stets die gleiche Silbenzahl inne zu halten[1]), nicht massgebend gewesen sein, wie wir auch daran sehen, dass sich einzelne rein epische Cäsuren in denselben Gedichten mit den lyrischen zusammen vorfinden; es muss vielmehr diese Methode, die ursprünglich nur in der zum Gesang bestimmten Lyrik üblich war, allmählich auch in die nicht lyrischen Gedichte (Chart. fort.) eingedrungen sein, indem die vorhandene Versschablone von den lyrischen mechanisch auf diese übertragen wurde.[2]) Nur so erscheint es erklärlich, dass in unserer Zeit der Gebrauch der lyrischen Cäsur, welcher mit der Funktion, die die Cäsur als Tonstelle ausüben soll, durchaus unvereinbar ist (vgl. Quicherat S. 330), einen so bedeutenden Umfang annehmen konnte, wie beispielsweise bei Alain Chartier (17 bezw. 18 % sämtlicher Cäsuren).

Neben dem gewöhnlichen Zehnsilbner finden wir noch eine zweite Form desselben, nämlich den mit der Cäsur in der Mitte des Verses; in diesem Versmass (im XVI. Jahrhundert vers *taratantara* genannt [vgl. Rochat a. a.

---

[1]) Tobler a. a. O. S. 86[2].
[2]) Was für einen Begriff man von den Dichtern hatte, zeigen Ausdrücke wie „*facteur, rithmeur, composeur*" für dieselben. Vgl. Zschalig a. a. O. S. 46; Pelissiers Einleitung zu Vauquelin S. VIII fg.

O. S. 85 fg.]) sind verfasst die Chans. V; XXI; XXII; CXXIX; CXLII und Baïfs Uebersetzung des XCIII. Psalms éd. Fouq. S. 350. Bei dieser Versform kommt neben der gegewöhnlichen männlichen auch epische Cäsur vor.

Zehnsilbner mit Cäsur nach der sechsten Silbe (d. h. bei denen diese regelmässig eintritt) kommen in unserer Periode nicht mehr vor, dagegen finden sie sich einzeln verstreut unter Versen mit der gewöhnlichen Cäsur nach der vierten Silbe vor:

Est donques convoiteus bien ordonné? Desch. ball XV 22.

Vgl. Desch. ball. X 31; XIX 19; XXV 4; CLXXXVI 13; Rec. XI 147 (Bemerkung des Herausgebers).

Ebenso nimmt man wohl besser Cäsur nach der sechsten Silbe an in fg. Versen:

Veritez de parler	lors s'esvertue	Desch. ball X 11.
Et Sodome et Gomorre	a Dieu despite	„ „ XVI 4.
N'osoient la prendre,	ne fol ne saige	„ „ CCCCXCIV 17.
Et après, Dangier vient,	qui ne se part	„ „ XLV 13.

Auch Verse mit Cäsur nach der fünften Silbe begegnen zuweilen unter gewöhnlichen Zehnsilbnern:

Ou temple Dathan	pourras advertir	Desch. ball XXIX.
Jonas Micheas	et ensuit Naom	„ „ CLXXXVI.
Princes qui tenez	les tres grans estatz	Coquill. I 12. [1]

Ein Beispiel hat sich gefunden, bei welchem Zehnsilbner mit gewöhnlicher Cäsur regelmässig verbunden sind mit vers *taratantara*, nämlich Chans. XXI, in welchem der Refrain (Zeile 1, 3, 6, 9, 12, 15, 18, 21, 24) durch einen Vers letzterer Art gebildet wird, während die andern Zeilen des Gedichtes gewöhnliche Zehnsilbner sind.

Ausserdem begegnet man Versen, die unregelmässig gebildet sind, indem sie zu wenig oder zu viel Silben haben, man wird in den meisten Fällen Textverderbnis anzunehmen haben:

Pour ce [main-] tenez	par raison droicturière	Coquill. I 12 [2]
Devers le Roy [Charles]	qui la vray[e] certitude..	Rec. VI 161.

---

[1] Rochat a. a. O. S. 87.   [2] Eckige Klammern enthalten Silben, die zu streichen, runde diejenigen, welche hinzuzufügen sind.

Qui le destruit	et (luy) seiche ses os	Desch. ball CCV.
Que voulez (vous)	que vous die? à briefs mos	Ch. d'Orl II 137.
(Et) doulx maintiens	humains et angeliques	Coquillart I 21.
Rien ne vault ce	que je vous (ay) escriptz	Collerye 30.

Vgl. Martial I 72,$_{20}$; Coquillart I 8,$_{22}$; 13,$_1$; 14,$_1$; 21,$_3$; 24,$_6$; Cretin 132,$_3$; Chans. S. 26,$_{2,6}$.

Zwölfsilbner finden wir unter Zehnsilbnern zuweilen vor:

Abacuc Sophonies,	Aggeus, Zacharie	Desch. ball CXXXVI.
Je suis Theologie,	grant père de science	Martial II 21.

Eine ganze Reihe solcher schlecht überlieferter Verse begegnet Rec. XI 101 fg. (s. die Bemerkung des Herausgebers dazu S. 147).

Elfsilbner.

Von dem in der prov. u. afrz. Lyrik beliebten Elfsilbner (Otten S. 12) mit Cäsur nach der **siebenten** Silbe haben sich im Mfz. noch zwei Beispiele gefunden, in den Chans. XXX und LXXVIII; ausser der regelmässigen männlichen Cäsur kommen (im Chans. XXX) drei weibliche Cäsuren vor, nach denen aber das zweite Vgl. vokalisch anlautet.

Im XVI. Jhd. dichtete Ronsard zwei Oden in Elfsilbnern, die dem sapphischen Versmass nachgebildet sind (éd. Blanchemain II 376); seinem Beispiele folgte Jodelle in der Hymenee (éd. Marty-Laveaux I 301). Die Verse zeigen regelmässige Cäsur nach der **fünften** Silbe.[1] Vgl. Pasquier, Recherches S. 920; Tobler S. 91².

Elfsilbner mit einer Cäsur nach der sechsten Silbe begegnen in den Hendekasyllaben, welche Pasquier S. 916 und 918 zitiert:

Tout soudain que ie vis	Belonne vos yeux
Ains vos rais imitans	cet astre des cieux
Vostre port graue-doux,	ce gracieux ris
Tout soudain ie me vis	Belonne surpris
Tout soudain ie quitay	ma franche raison,
Et peu cault ie la mis	à vostre prison etc. Pasquier 918.

---

[1] Vgl. H. Fehse, Estienne Jodelle's Lyrik in Ztschr. für neufrz. Spr. und Lit. II 227; Herting, der Versbau Etienne Jodelle's, Kiel 1884, S. 14 und 52.

Zwölfsilbner.

Der Zwölfsilbner, welcher im Afz. schon zu einer sehr ausgedehnten Anwendung gelangt war, gerät im XV. Jhd. fast ganz in Vergessenheit.[1]) Dies ging so weit, dass, als Marot zu Anfang des XVI. Jhd. ihn wieder einige Male gebraucht (éd. Jannet II 222; IV 55), er sich veranlasst sieht, die Überschrift „Vers alexandrins" zu wählen.[2]) Vor Marot haben sich des Alexandriners bedient noch Coquillart (éd. Héric. I 4 fg., 23 fg.); Lemaire[3]); Collerye 263; auch einige Chans. (LXXI, LXXXI, LXXXVII etc.) zeigen dieses Versmass. Die Zwölfsilbner, die wir bei Cretin (S. 126—130) finden, müssen wir in Sechssilbner zerlegen, da durch sämtliche Strophen immer je zwei aufeinanderfolgende Cäsuren reimen; als Beispiel sei die erste Vierzeile angeführt:

Tu ayans completz ans	ou vieillesse passe aage;
Tes termes desplaisans	ne te monstrant pas saige;
Milan par ton messaige	affectes de bruyne
Mettre au dernier passaige	et totalle ruyne.

Zu neuer Blüte wird der Alexandriner erst wieder gebracht durch Ronsard und seine Schule (cf. Sainte-Beuve, tableau S. 74 fg.).

Die Cäsur findet regelmässig statt nach der sechsten Silbe wie schon in alter Zeit. Andere Einschnitte kommen nur äusserst selten vor, so dass man abweichend von diesem Schema gebildete Verse wohl besser als cäsurlos ansieht:

Je rencontray un courtisan. Ho! ma commère! Anc. théat. IX 170.

Eine andere Abweichung, die sich Baïf erlaubte, ist schon oben (Weibl. Cäsur) besprochen.

Von Versen mit mehr als zwölf Silben sind zu erwähnen

---

[1]) Fabri nennt ihn eine „antique manière de rithmer" cfr. Vauq. éd. Pelissier S. VII.

[2]) Bemerkt schon von Pasquier l. c. S. 882.

[3]) Lemaire bemerkt am Ende des Stückes:... *composé de rythme Alexandrine, laquelle taille iadis auoit grand bruit en France pource que les prouesses du Roy Alexandre le grand, en sont descrites es anciens Rommans: dont aucuns modernes ne tiennent conte auiourdhuy.*

die „vers baïfins" ein neues Versmass, das Baïf in die französische Literatur einführen wollte, was ihm aber, wie die meisten der von ihm beabsichtigten Reformen, nicht glückte. Die Verse haben fünfzehn Silben, die Cäsur fällt regelmässig nach der siebenten Silbe, éd. Fouq. S. 23 (Quicherat a. a. O. S. 521 nennt sie *hexamètres rimés*):

Muse, royne d'Elicon,	fille de memoire, ô déesse.
O des poëtes l'appuy	favorise ma hardiesse!
Je veux donner aux François	un vers de plus libre accordance
Pour le joindre au luth sonné	d'une moins contrainct cadence.

Die Cäsur im Verhältnis zur syntaktischen Satzgliederung.

Was die Stärke des Ruhepunktes betrifft, welcher im Innern des Verses durch die Cäsur bezeichnet wird, so folgen wir im allgemeinen der Einteilung, wie sie Otten gegeben hat (a. a. O. S. 16 fg.)[1]. Daneben sind noch benutzt die Arbeit von O. Reissert, sowie die einschlägigen Abschnitte bei Grœbedinkel, Frz. Stud. I 51 fg., und Zschalig.

Der Erste, der in einem Lehrbuch der Dichtkunst darüber gehandelt hat, dass mit der Cäsur, die ja eigentlich ein rhythmischer Einschnitt des Verses ist, auch eine syntaktische Gliederung verbunden sein solle, ist, wie Zschalig S. 45 nachweist, Fabri gewesen in seinem schon öfter zitierten „Le grant et vray art de pleine Rhetorique" von 1521. Dort heisst es: „*Et doibt l'en tousiours terminer substance entre là où est la couppe, ou la fin de ligne.*" — Es ist hier also das Übergreifen des Sinnes sowohl in der Cäsur wie im Versschluss verboten, beinahe ein Jahrhundert vor Malherbe, dem im Allgemeinen die Regel vom Enjambement zugeschrieben wird (Quicherat S. 436).

---

[1] Durch die Liebenswürdigkeit des Herrn Verfassers war mir der noch nicht gedruckte Teil der Dissert. im Manuscript zugänglich.

Eine für uns bemerkenswerte Notiz finden wir erst wieder in der 1549 erschienenen „Deffence et illustration de la langue françoise" von Dubellay, éd Marty-Laveaux I, 52: *J'ay quasi oublié vn autre default bien vsité et de tres mauuaise grace. C'est quand en la Quadrature des Vers Heroïques*[1]) *la sentence est trop abruptement couppée, comme*: Sinon que tu   en monstres vn plus seur.

Damit wird also die Trennung von pron. conj. und fg. Verbum untersagt.

Eine weitere Äusserung bietet uns Ronsard dar in seinem Abregé de l'art poetique. Dort lesen wir (éd. Blanchemain VII 331):

„*Sur toute chose je te veux bien advertir, s'il est possible (car tousjours on ne fait pas ce qu'on propose), que les quatres premieres syllabes du vers commun*[1]) *ou les six premieres syllabes des Alexandrins, soient façonnées d'un sens, aucunement parfait, sans l'emprunter du mot suivant. Exemple du sens parfait:*
Jeune beauté   maistresse de ma vie.

Und dann: *Exemple du vers qui a le sens imparfait:*
L'homme qui a | esté dessus la mer.

Die Trennung ist hier auch sehr gewaltsam wegen der engen Zusammengehörigkeit des Hülfsverbums mit dem unmittelbar folgenden Partizipium.

Man ersieht daraus, dass also das Gefühl für einen stärkeren Einschnitt in der Pause auch bei R. vorhanden ist; allerdings merkt man in den Dichtungen wenig davon. Doch muss man im Auge behalten, dass der Abregé später geschrieben ist als die meisten Dichtungen Ronsards, übrigens entschuldigt er sich ja selbst durch die Parenthese: *car tousjours etc.*

Nach diesen kurzen historischen Notizen über die erhaltenen Vorschriften gehen wir auf die besonderen Fälle ein, indem wir die einzelnen Pausen behandeln.

---

[1]) Es ist der Zehnsilbner gemeint.

I. Stärkste Ruhepause zwischen zwei verschiedenen Sätzen.

Endet in der Cäsur ein Haupt- oder Nebensatz, so folgt nach der Cäsur:

I) Ein gleichartiger koordinierter Satz,

entweder syndetisch durch Beiordnungspartikeln mit ersterem verbunden, oder asyndetisch ihm folgend:

A. Die durch die Cäsur getrennten Sätze haben verschiedenes Subjekt:

a) Autrement va; tous vouldroient perir Desch ball XII 29.
Je n'en dy plus mais mon cuer pense et celle Ball Chart II 9.
Trop penser me font amour dormir ne puis Chans. XXX 1.
Amour y regne et Grace, et Concorde y flourit Lemaire 129.
Tant je te plaings de long temps ne vy Conte Cretin 55.[1]

Vgl Christine 440,$_{36}$; Desch. ball XVI 13; XXI 13 fgg. CCCCXLII 20; Chart. fort 206; 417; 637; 641; 806; 841; 936; Paix 272; mort 146; Ch. d'Orl I 6,$_{24}$; Villon 161,$_{13}$; 162,$_8$; 163,$_6$ fg.; 194,$_{16}$; 201,$_{14}$; 228,$_4$; Chans. XXIII 21; XXXVIII 1; XCVII 3; CXXIX 16; CXXXVIII 15; LIX 8; LXXI 8; 10; 12; Martial II 19,$_{19}$; 31,$_{24}$; 179,$_{19}$; Cretin 55,$_8$; 68,$_{20}$; Farces 278,$_1$; Lemaire 8,$_{18}$; 10,$_{10}$; 16,$_{15}$; 20,$_{23}$; 26,$_{28}$; 27,$_{16}$; 28,$_9$ fg.; 169,$_7$; Collerye 25,$_9$; 273,$_8$; Marot Enfer 210; 348; 361; Ep. XIII 66; XVIII 1; XX 108; XXV 23; El. I 51; Cimet. XIX 12; Angoul-D. 193,$_3$; Bellay II 202; Ronsard I 46,$_{22}$; 53,$_{20}$; 64,$_5$; 74,$_2$; 78,$_{28}$ fg.; 86,$_4$; 100,$_4$; etc. IV 16,$_{10}$; 26,$_{20}$; 52,$_8$; 63,$_2$; 138,$_{16}$; 349,$_3$; Jodelle II 124; 303; 337; Eug. Prol. 78; Cleop. I 117; Didon I 125; 172; II 485; 547; V 83; 137; Baïf 52,$_5$; 154,$_{18}$; 349,$_3$; 354.$_{17}$.

Bemerkung 1. Mehrere Sätze können im Versglied vorkommen:

Viellesce vient guerdon fault, temps se passe Desch. ball CXXXII.
L'ung est blanc, l'autre est noir; c'est la distance Villon 194.

Vergl. auch:

Tu meurs, tu fuis, je vy et, pour ce que je suis Exemte.. Baïf 210.

---

[1] Bisweilen begegnen abweichend gebildete Verse, bei denen ein Satzglied des ersten Satzes in das zweite Versglied übergreift:
Et a tels gens dit, car d'eulx ne li chaut. Desch. ball III 9;
Nous deffuyons honneur, il nous deffuyt Villon 163,$_9$;
Mais où me porte encor ma fureur? Qui me garde..? Jodelle Didon V 1.

bei welchen Verse sich drei Sätzchen (davon zwei allerdings mit gleichem Subjekt) im Vgl. vorfinden.

Bemerkung 2. Zu einem der durch die Cäsur getrennten Sätze kann eine Anrede, Anrufung oder dergl. treten:

    Je te hay, peuple, et m'en sert de tesmoing Le Loir Rons. I 69.
    Tu le vois bien,   Raison, et ne t'en chaut   „ I 97.
b) Qu'en dictes-vous? Faut-il à ce muser?   Villon 153.
   Est-ce bien fait? vous enyurez vous doncques?   Lemaire 45.
   De quel parens es-tu? est où es ta demeure?   Rons. III 371.

    Vgl. Ch. d'Orl I 4,$_{22}$; Villon 194,$_{14}$; Lemaire 9,$_{25}$, Bellay I 102; II 25; Ronsard III 103,$_7$; Jodelle, Eug. Prol. 73; Didon II 133; 167.

c) ..ne disoit...Allez y là: mais Allons y nous tons   Martial II 186.
   Sy face il vous! dites moy quelle part Voullés aller Chans. LXIII.
d) Ou qu'elle hante, ou qui plaisir luy font   Chart. fort 443.
   Et tant qu'il dure et qu'on y est en graces   „ reg V 27.
   S'il est prolixe et si ie te raconte..   Lemaire 18.
Cent fois je repense.. Quel est son arc et quelle place il tient Rons. I 30.

    Vgl. Ch. d'Orl. I 4,$_{35}$; Marot Enfer 434; Melin bei D. 198,$_8$; Bellay I 321; Rons. IV 58,$_{14}$; Jodelle Didon IV 404.

B. Die durch die Cäsur getrennten koordinierten Sätze haben ein gleiches Subjekt,
dasselbe wird häufig beim zweiten Verbum wiederholt:

a) L'autre a bon œil, et si n'en a rien veu   Desch. ball XCII 4.
   Je pleure ens, et me ry par dehors   Chart. S. 532.
   Oncques n'en eus ne n'ay joye nesune   Ball. Chart I 4.
   Je le sçay bien car suis nombre d'iceulx   Rec. VI 16.
   Tu n'es pas seul si ne te dois complaindre   Villon 227.
   La fille ne dormoit pas, tantost l'oyst: Chans. XXX 11.
   Le seigneur est roi, se vêt de grandeur   Baïf 350, Ps. XCIII.
   Plus ne t'en dy, et je m'en passeray   Villon 194.
   Ny ne verray; mais bien puissé-je voir   Rons. I 55.
   Les dieux nous ont fait tiens. Les dieux aux miens me rendent Jodelle Did. II 558.
   Par luy donc ie te voy, en luy ie t'entretien   Jodelle II 174.

    Vgl. Christine 440,$_{25}$; Desch. ball XXIV 9; XCII 5; Chart. fort 151; 181; 534; 606; 642; 786; 865; 872; 962; nobl. 39; 45; 379; reg. II 17; III 8; IV 9; p. 532,$_{28}$; 534,$_{14}$; Ch. d'Orl I 3,$_{32}$; 4,$_{29}$; 5,$_8$; 7,$_{21}$ fg.; 8,$_7$ fg.; 9,$_{17}$; 12,$_{16}$; 92; 124,$_{21}$; Villon 106,$_{10}$; 145,$_8$; 194,$_7$; 195,$_{12}$; etc.; Chans. X 20; XXIII 14; LIV 8; XLVII 5; LXXXV 7; LXXXI 11; C 8; CXLIII 7; Martial I 63,$_{31}$ fg.; 72,$_{14}$; II 19,$_{20}$; 22,$_{10}$; 22,$_{21}$; 180,$_{20}$; 183,$_{17}$; Rec. I 62,$_9$; VI 16,$_3$; Cretin 64,$_{15}$; 70,$_{24}$; Lemaire 4,$_{14}$; 9,$_4$; 10,$_{11}$; 14,$_9$ etc.; Collerye

$25_{,7}$; $31_{,17}$; $33_{,10}$; Marot Enfer 15; 46; 319; 362; Ep. VI 3; XVII 30; XXIX 6; El. XVI 51; Rabelais I $12_{,17}$; Bellay I 104; II 158; 178; 186; 194; 202; 268; etc.; Rons. I $29_{,23}$; $58_{,17}$; $61_{,4}$; $85_{,15}$; etc.; III 181; IV $10_{,19}$ fg.; $21_{,11}$; $42_{,10}$; $46_{,31}$; $53_{,20}$; $129_{,2}$; $130_{,33}$; $131_{,7}$; $132_{,8}$ etc; Jodelle Cleop. III 196; Didon I 182; II 165; 564; III 165; 281; 347; IV 211; Bd. II 6; 126; 174; Baïf $5_{,3}$; $36_{,24}$; $96_{,13}$ etc.

b) Fondez larmes   et venez à mercy   Villon 203.
Laissons cela,   retournons à science   Martial II 25.
Secourez le,   soyez luy compassibles   Lemaire 92.
Aymés moy, ma mignonne   aymez moy sans danger   Chans. LXXXI Refr.
Courez y tous: et à l'arme sonnez   Rabelais I 13.
Ne pleure point ma mort,   mais pleure mon absence   Bellay II 158.

Vgl. Chart. reg. II 3; Villon $196_{,8}$; $204_{,6}$; $227_{,5}$; Ch. d'Orl I 2, $_{11}$; Cretin $69_{,36}$; Lemaire $29_{,13}$; $40_{,10}$; $92_{,10}$; $163_{,15}$; Marot I 68; Enfer 99; 290; Ep. I 141; El. V 19; Ball XI 12; Rabel I $15_{,11}$; Bellay II 115; Rons. I $47_{,4}$; $54_{,20}$; $91_{,14}$; IV $21_{,11}$; $26_{,24}$; $42_{,10}$; $43_{,5}$; $46_{,31}$; $129_{,2}$; $136_{,15}$; $137_{,13}$ etc.; Jodelle Cleop. I 124; II 103; Baïf 37, $_{12}$; $51_{,19}$; $83_{,24}$; $101_{,19}$; $101_{,26}$; $203_{,13}$.

c) Ou estiez vous,   que faisiez vous alors?   Lemaire 160.
Où es allé?   Es tu hors de ton sens?   Marot Ep. I 89.
Mais qui nous jugera?   Qui en prendra le soin?   Ronsard IV 62.
Dy, le confesses-tu   ou nies-tu le cas?   Baïf 218.

d) α. Qui tout crea   et qui tout a en soy   Desch. ball XIV.
Qui ne l'aime,   ne ne l'amera mie   Chart. fort 790.
Lequel doit estre   et est son esperance   Rec V 231.

Vgl. Chart. fort. 219; 730; nobl. 288; Paix 14; mort 87; Ball. Chart. IV 21; Villon $253_{,12}$; Rec. VI 13; $151_{,6}$; Ch. d'Orl. I $2_{,20}$; Marot Enfer 46; 233; 269; 434; Ep. XLIII 19; Melin-D. $198_{,9}$; Bellay II 181; Ronsard I $63_{,20}$; $100_{,18}$; III $416_{,18}$; $419_{,2}$; IV $57_{,19}$; Baïf $10_{,21}$; $51_{,18}$; $69_{,21}$; bei Darmest-H., S. $243_{,6}$; Coquillart I 13.

β. ... vous n'avez peur
Que je m'enfuye   ou que je soys trompeur;   Marot Ep. XXIX 72.
Vgl. Chart. fort. 506; Melin bei D. $195_{,85}$; Ronsard III $416_{,13}$; $416_{,18}$; Bellay II 190.

γ. Quand je vous voi   ou quand je pense en vous   Rons. I 56.
S'ils craignent Dieu,   s'ils aiment la justice   Rons. III 105.
S'il a perdu ses bœufs,   s'il est mangé des ours   Rons. IV 33.

δ. Qui que s'en loue   ou s'en vueille blamer   Chart. fort. 222.
Quelque ie soye   et quel que ie deviegne   Chart. mort 113.
Où il ist saint   et porte la couronne   Martial I 63.

Mais regardons ...
Comment regna   et le Royaume tint   Martial II 160.
Ce que je quiers,   et que de vous espere, C'est.   Marot Ep. XLIII 19.

Bemerkung 1. Nicht selten findet sich entweder im ersten Vgl. (α), oder im zweiten (β), oder in allen beiden (γ) eine Anrede, Anrufung der Gottheit etc.

α. Princes, tel sert, et toudis servira Desch. ball LXXXVII.
Mais tourne l'œil, A scaigne, et voy l'estrange peine Jod. Did. II 177.
Vgl. Villon 203,$_{11}$; Chans. XXX 15; Marot Ep. XLII 195; Rons. I 192; IV 64,$_{15}$; 347,$_{10}$; Jodelle Cleop. IV 63; Didon V 51; Baïf 41,$_{21}$; 83,$_{24}$; 343,$_{12}$.

β. Vestez vous noir plourez tous, Champenois Desch. ball CXXIII.
Je vous promect et vous asseur, beau sire Chans. LXV 17.
Où courez-vous, Seleuque? où courez-vous? Jod. Cleop. III 287.
Vgl. Desch. ball CIV 15: Lemaire 6,$_{29}$; Rons. III 101,$_{2}$; IV 63,$_{5}$; Jodelle Cleop. III 181: Garnier[1]); Baïf 80,$_{29}$.

γ. Venez, race du Ciel, venez, esleus du Pere Aubigné bei D.-H. 256.
Dieux, qu'ay-je soupçonné? Dieux, grand Dieux, qu'ay-je sceu? Jodelle Didon II 1.
Aveugle, ouvre les yeux; regarde, miserable Baïf 51.
Vgl. Marot Eglog. I 95: Ronsard II 377; Jodelle Didon III 37.

Bemerkung 2. Zuweilen steht ein beiden Sätzen gemeinschaftliches Satzglied nach der Cäsur gleich am Beginn des zweiten Versteils:

Esjouy-toy en leur sang et te baigne Jodelle Cleop. II 101.
Qui refroidist mon ardeur et rejette Baïf 95,$_8$.

Daneben kommt es auch vor, dass ein nicht gemeinschaftlicher, Satzteil vor dem zweiten Satze steht, also ein Übergreifen des Sinnes stattfindet:[2])

Cuide happer le sien, print l'arc de mort Lemaire 41.
Il done les hauts monts au chamois; il a fête Baïf 355,$_{10}$.
Il a les mains petites, et re laisse „ 56,$_8$.
Trouve le dejeuner du garçon, et le mange, Rons. IV 14,$_{29}$.
Afin que... Chancune ait peur de forfaire, et s'amende Baïf 34,$_{18}$.
J'oy les autres chanter et je me plains Chart. S. 535,$_{39}$.
Ayma l'Eglise aussi, & fut grant homme; Martial II 195.

---

[1]) Darmesteter et Hatzfeldt, le seizième siècle en France, 2. Aufl. Paris 1883, S. 171.

[2]) Der Vers bei Cretin 139,$_{11}$: Trop ruyneux est caducque est le membre ist offenbar entstellt und zu emendieren:
Trop ruyneux et caducque est le membre.

Bemerkung 3. Häufig begegnet man der Erscheinung, dass ein Vgl. mehrere solcher koordinierten Sätze enthält und zwar:

1. im ersten Vgl. finden sich zwei koordinierte Sätze, das zweite Vgl. enthält:

a) ebenfalls zwei koordinierte Sätze:

Il chante, il dance,	il est humble et seruant	Chart. fort 413.
— Si fay-le. — Mais non fay.	— Voy! laisse ceste crainte	Bartas-D. 251.
Qui va et vient,	et qui quiert et qui trace	Collerye 164.

Vgl. Ronsard IV 47,$_{12}$; 131,$_{21}$; Jodelle Did. II 282; bei Fehse a. a. O. S. 191.

b) nur einen, den beiden vorangegangenen koordinierten Satz:

Je pleure et souppire,	je ne puis dormir	Chans. V.
Je le sens, ie le voy,	ouy grand Dieux! ie le voy	Jod. Cl. III 287.
Non, non, mourrons, mourrons;	arrachons la victoire	„ „ I 198.
Qui oit et voit	et si ne veult entendre	Desch. ball C 2.

Vgl. Lemaire 44,$_{10}$; Rons. 1 21,$_{18}$; 23,$_{10}$; III 141,$_{28}$; Jodelle Didon II 519; III 281; V 30; bei Fehse S. 194; Baïf 3,$_{13}$; 194,$_4$.

c) ein den beiden Sätzen gemeinschaftliches Satzglied:

Crie et jure	par la mort Jesuchrist	Villon 110. [s. S. 170.
Soupirez, larmoyez	nos cruels infortunes;	Garnier bei D.-H., seizième
Qui fu et est	le regne et heritage	Christine-B. 439.
Si j'ayme et sers	la belle de bon haict	Villon 161.

Vgl. Lemaire 11,$_{17}$; Villon 227,$_2$; Baïf 1,$_4$.

d) eine Anrede, Ausruf:

Baisons nous, accollons nous,	mon amy gent	Chanson XXX.
Que dy-je? Où suis-je?	O noble roy Françoys	Marot Ep. XLIII 121.

2. Das zweite Vgl. enthält zwei koordinierte Sätze, im ersten Vgl. geht voran:

a) ein koordinierter Satz:

Tous s'en moquent	et s'en farcent et s'en huyent	Chart. fort 937.
Qu'il n'est mirouër,	ne sera, n'a esté	Marot El. XVI 73.
Qui mort l'vn l'autre	et regimbe et recule	Lemaire 25.

Vgl. Desch. ball CXX 23; Chart. fort 463; 593; Lemaire 6,$_{15}$; 36,$_{12}$; Marot Enfer 214; El. XVI 73; Ball. XV 25; Chans. XXI Refr.; Bellay II 67; Ronsard III 110; 141,$_{27}$; 416,$_{21}$; Jodelle II 200.

b) ein den beiden Sätzen gemeinsames Satzglied:

α. das Subjekt:

Brief tout chascun	le craignit et doubta	Martial I 63.

Ainsi sa sœur en vain laue et bousche sa playe   Jod. Did. V 225.
Dont cueur et corps   font souvent et deffont   Chart. fort 98.
Vgl. Chart. fort 418; nobl. 348; reg. V 13; Lemaire 27,$_{27}$; Collerye 25,$_8$; 163,$_{16}$; 165,$_{15}$; 238,$_{11}$; Marot Enfer 237; 273; 385; El. 185: XI 15 Jodelle Didon I 145; Baïf 82,$_1$.

β. das nähere Objekt:

Que toy, Françoys   crie et nomme meurtrière   Villon 226.

Vgl. Chart. S. 532,$_4$; fort 1117; reg. XI 2; Martial I 63,$_{14}$; II 189,$_{21}$; Cretin 56,$_{11}$; Lemaire 112,$_{27}$; Marot Enfer 372; 393.

γ. das entferntere Objekt oder ein anderer Satzteil:

Pourquoy a luy   ie me donne et ottroye   Lemaire 14.
Le beau dieu Cupidon tu peux estre et le dois Baït 42.

δ. präpositionale Bestimmung oder Adverb, etc.:

En ceste foy   ie demeure et remains   Chart. fort 1137.
Pourquoy ainsi   ma muse tance et crie   Marot I 108.
D'une maine sans repos le tourne et le secoue   Ronsard V 56.
Deçà delà   je tourne et revire   „   VI 94.
Coup dessus coup   le baise et le rebaise   „   VI 140.

Vgl. Chart. fort 594; 613; nobl. 330; Cretin 56,$_{13}$; Lemaire 17,$_{12}$; Marot Enfer 59; El. VI 17; Ep. XXV 19; Angoul-D. 194,$_{8, 16}$; Ronsard VI 132,$_{32}$; 141,$_3$; Vauquelin-D. 282,$_9$.

Bemerkung 4. Drei Verben im Vgl. begegnen ebenfalls in einigen Fällen:

En tel strepit   on rompt, trenche et detaille Jambes cuissots ...
                                                       Cretin 68.
... son beau portraict ...
Me fuit, me suit, me tent, et, en le poursuivant... Ronsard IV 47.
Qui sans aucun repos   fait, defait et refait   Jodelle Didon IV 265
Naissez, vivez, mourrez, sa louange exaltans   Bertaut-D. 256.

Bemerkung 5. Abweichend gebildet sind folgende Verse, in denen die im ersten Vgl. befindlichen Satzteile nicht gemeinschaftlich sind:

Que lieu de paix   tienne et acquiere ainsi Vie mortelle... Cret. 58.
... ceulx qui persecutent L'Eglise, et biens ｡ prennent et executent
                                                       Martial II 192.

Nicht selten begegnet es, dass die durch die Cäsur getrennten koordinierten Sätze über den Vers hinausreichen; wenn also in diesem Falle nur Satzteile vor oder nach der Cäsur im

Verse sich finden, so ist die Cäsurpause nichtsdestoweniger sehr stark. Es sind hierbei drei Fälle zu unterscheiden, nämlich:

a) der erste Satz beginnt vor Versanfang, der zweite schliesst mit dem Verse ab:

... fusmes occis Par justice.	Toutes fois vous sçavez...	Villon 210.
Luy des Muses aimé	qui ..	
Ornèrent son esprit	et qui luy firent voir	Baïf 242.

... que toutes les tenailles
M'arrachent les boyaux; que la teste on me casse Jod. Cleop. I 204.

Et ostera...
Aux bœufs le joug, plus ne feront que paistre Marot Egl. I 74.
Vgl. Chart. fort 980; nobl. 447; Villon 146,$_{10}$; 357,$_{22}$; Rec. VI 13; Marot I 72; Enfer 20; Egl. II 136; Ep. XXIX 105; El. XI 5; 32; Rons. I 58,$_{12}$; 64,$_{8}$; 101,$_{15}$; Rabelais I 43,$_{22}$; Baïf 352,$_{8}$.

b) der erste Satz steht vollständig im ersten Vgl., der zweite enjambiert:

Vous abusez : Car Meung, docteur très sage Nous a descrit Vill. 358.
Tu me tourmentes: mais en l'effroyable trouble
... tu me rendras ...... Le loge de mes maulx Jod. Did. II 514.
Il dit ainsi: le vertueux Dicée Contre-respond... Ronsard III 105.

Vgl. Villon 357,$_{21}$; Ronsard III 112,$_{1}$; VI 95,$_{15}$; 124,$_{19}$.

c) beide durch die Cäsur getrennte Sätze reichen über Vers hinaus:

... (si le blanc ne contraint Sa course folle, et ses pas ne refraint
Dessous le joug) Rons. I 14.
Mets moy... sur les sommets Des mons plus eslevés, ô Meline, et me
mets En une triste nuit..., Baïf. 101.
... soubz ses æsles couvoit Sedition, et ainsi se mouvoit
En peu de temps la tempeste Angoul.-D. 194.
... le sens n'en est yssu De mon cerveau, ains a esté tyssu
Subtilement par la Muse... Marot El. I.
Si nostre vie est moins qu'vne iournee
En l'eternel, si l'an qui fait le tour Chasse nos iours ...
Bellay I 137.

Vgl. Marot I 72; 104; 112; Ep. I 111; XVII 50; XIX 18; XX 92; El. III 25; XXIV 10; Rabelais I 15,$_{12}$; Rons. I 56,$_{28}$; Jod. Cleop. II 34.

Bemerkung 1. Dagegen sind auffällig, weil selten Verse, in denen der erste der beiden koordinierten Sätze mitten im zweiten Vgl. endet:

... c'est chose facile Faire mourir	gens, mais trop difficile	
Susciter mors	Martial II 195.	
Les Dieux ne furent onc	tes parens, ni ta mère	
Ne fut...	Jodelle Didon II 419.	
... deusses porter Trois fleurs de Lis	d'or, et pour hardiesse	
Fermer en toy...	Ch. d'Orl. 1 191.	
Que ... soient... Mes yeux plongez	en larmes: et que ris	
N'y ayent plus lieu	Cretin 53.	
... soubdain habandonna Psalterion,	et choron, puis donna	
Son escriteau...	Cretin 62.	
... Martine ... Arreste là	son rouet. Et Maupertine	
... commença...	Baïf 203.	

Bemerkung 2. Abweichend gebildet sind auch fg. Verse, bei welchen der nach der Cäsur begonnene koordinierte Satz mitten im zweiten Versgliede endet und dann noch ein dritter koordinierter Satz anfängt, der enjambiert:

Ils sont tous morts! ha! je meurs et ne reste
Sinon mon fils... Ronsard III 121.
.. n'est-ce point la venue De mon amy? le duis-je croire? ou bien
Ainsin amans font grand chose de rien? Baïf 203.

2) Nach der Cäsur beginnt ein neuer nicht koordinierter Satz,

A. der jedoch mit dem im ersten Vgl. befindlichen Satze dem Sinne nach eng zusammengehört, mit andern Worten keinen neuen Gedanken einleitet:

a) Dies ist der Fall bei der Verbindung ungleichartiger Sätze:

α. eines Aussagesatzes und eines Heischesatzes:

Je vuiel Raison soyez donc mes escus Desch. ball. XCIII 33.
Mon père est en sa chambre, allez luy demander Chans. LXXXI 14.
J'en parlerois mais garde la bourrée! Marot Ep. XIII 86.

Vgl. Desch. ball. XCIX 21; CCCXVI 37; Ch. d'Orl. I 5,$_{15}$; 9,$_{12}$; Chans. X 11; CVI 7; CXLIII 6; Martial II 23,$_9$; 179,$_{13}$; Rec. VI 11; Lemaire 40,$_{10}$; Cretin 71,$_8$; Marot Ep. XIII 84; Rabelais I 12,$_8$; Rons. I 37,$_6$; VII 27; Baïf 82,$_7$; 358,$_{15}$.

Bemerkung 1. Abweichend sind gebildet fg. Verse, bei denen der erste Satz zum zweiten Vgl. enjambiert:

Lors a ses gens dist: „Soiez hui appers Desch. ball. CCLIII 8;
Dernier salaire attend, or luy donnez. Cretin 65.
Son baiser est dangereux, ne l'atouche Baïf 56.

Le mal est le degré du mal; soustenez moy Jodelle Didon II 520.
... ladre fu voisin Saint Abraham en gloire. Or te recorde.. Desch. ball.
CCCLXVII 34.

Bemerkung 2. Eine Anrede tritt zwischen beide Sätze:

Crioit: „Amy,   sauve-moy du danger   Ronsard I 81.
Dit Cupido,   belle dame, allons boire   Lemaire 39.

Vgl. Lemaire 10—11; 31; Villon 136, $_6$; Marot Ep. XI 41; Ronsard IV 12, $_8$.

Bemerkung 3. Von dem Heischesatz kann ein kleiner Nebensatz abhängig sein:

C'est trop bien dit,   mais querez qui le face   Desch. ball. CCCXVII Refr.
Et luy dit bas: Montre combien tu vaux   Lemaire 113.
Viure il me faut,   ne crains que ie me tue   Jodelle Cleop. III 91.

Bemerkung 4. Im zweiten Vgl. können zwei kordinierte Sätze stehen:

Luy dit ainsi: Vien ça, fais moi tout seur   Marot Enfer 242.

Die Reihenfolge der beiden Sätze kann auch umgekehrt sein:

Laisse les folz!   — Bien, j'y adviseray   Villon 196.

Vgl. Ch. d'Orl. I 191; Villon 196, $_5$; Chans. XXV 13; XLVII 25; Martial I 69, $_{17}$; 72, $_{30}$; Lemaire 166, $_{25}$; Marot I 91; Cimet. XV 14; Bellay II 114; Ronsard I 55, $_9$; IV 42, $_{11}$; 45, $_{13}$; 51, $_6$; Jodelle Didon I 169; Baïf 60, $_{13}$.

Bemerkung 1. Eine Anrede tritt zu einem der Sätze:

„Resveille toy,   il en est temps, amy.   Marot I 114.
Courage donc (Ronsard)   la victoire est à toy   Bellay II 177.
Tais toy, langueur,   je sens venir le jour ...   Ronsard I 27.
Sus, troupeau, deslogeons;   j'ay d'esclisse et d'osier
    ... achevé mon panier   Ronsard IV 50.

Bemerkung 2. Der zweite Satz beginnt schon im ersten Versgliede:

Voy la: pleurant elle entre   en ce clos de tombeau   Jodelle Cleop. IV 161
Croy-les: les yeux sont plus   à croire que la langue   Baïf 123.

Bemerkung 3. Zuweilen finden sich auch hier zwei koordinierte Sätze im Vgl.:

Amez, servez,   et il vous secoura   Desch. ball. XCIX 12.
Vente, gresle, gelle,   j'ay mon pain cuict   Villon 163.

Vgl. auch noch Rabelais I 14, $_{31}$; Jodelle, Cleop. IV 51; Baïf 82, $_{10}$.

Anmerkung: Beachtenswert sind flg. Verse, bei denen Heische- und Aussagesatz im Vgl. vorkommen.

Mais dy-le-nous,   dy: il ne nuira rien   Jodelle Cleop. II 297.

Va, ie ne tiens point! va, va, ie ne replique Jodelle Didon II 489.
Entron, ie ché, ie ché entron... O saints augures „ „ II 521.
(Der Ausruf wird von einer anderen Person gesprochen, als der erste Teil des Verses).

Bemerkung 4. Die Aussage kann aus zwei kleinen Sätzen bestehen:

Pensez que ouy; ainsi fault que croyez Coquillart I 21.

β. eines Aussagesatzes und eines Fragesatzes:

Mon fait sçavez pourquoy le vous diroye? Ch. d'Orl. I 21.
Mourir luy convient hellas! qu'esse cy? Chans. V.
De toy me plains, Fortune, que veux tu? „ CXIV.

Bemerkung. Der erste Satz enjambiert ins zweite Vgl., oder der zweite Satz beginnt schon im ersten Vgl.:

Plusieurs sçavans disent: Qui sont ces veaulx... Marot Ep. LII 17.
— Il te faut...—Quoy? Remors de conscience? Villon 196.
M'a dict: „Crains tu à escrire soudain Marot Ep. III 7.
Te dict: O mon mignon, que veux-tu qu'on espere Baïf 97, 17.

Umgekehrte Ordnung:

Et dont il est? Il est d'oultre Calais Desch. ball. XLVIII.

Vgl. Desch. ball. VI 1; LXXII 3; 27; C 11; CLII 6; CLVI 11; CCCCXXV 2; Villon 194, 3 fg., 195, 9; 195, 17; Marot Ep. VIII 18; El. XV 83; Martial II 24, 4 fg.; Chans. XCVIII 38; CXXXVIII 9; Rons. I 26, 2; Jodelle Didon V 147.

Abweichend gebildet:

De qui? — De vous, tres belle et doulce ymaige Desch. ball. CCCCXXV.
Mais ne voicy pas Barce? il faut que ie l'empesche Jod. Didon V 101.

γ. eines Heischesatzes und eines Fragesatzes:

Regardez les, sont ils pas à louer? Ch. d'Orl. II 235.

Vgl. Marot El. XV 52; Jodelle Eug. Prol. 58; (mit Anrede beim Heischesatz) Melin-D. 198; Rons. I 13.

In umgekehrter Reihenfolge:

Las! où fuis-tu? arreste encore un peu Ronsard I 19.

Vgl. Villon 196, 1; Marot I 76; El. VII 1 (mit Anrede beim Heischesatz); Jodelle Cleop. IV 83; Didon II 17.

Mehrere derartiger Sätze finden sich im Verse bei lebhafter Wechselrede z. B.:

Qu'est-ce que j'oy — Ce suis-je. — Qui? — Ton cueur Villon 193.
Qu'ay je meffait dy moy donc, pourquoy esse? Chans. CXIV.
Mais où va, dites-moy, dites-moy, damoyselles
Où va ma royne ainsi?... Jod. Cleop. IV 77.

Vgl. Desch. ball. CCCCXXV 1; Villon 194,₅; ₁₀ fg.; 196,₃; 220,₁₉; Collerye 271,₁; Marot El. VII 1; Jodelle Cleop. II 261.

b) Eine ähnliche Verbindung von nicht koordinierten Sätzen zeigt sich bei kurzen, in die direkte Rede eingeschobenen Bemerkungen, die das ganze Vgl. nicht auszufüllen brauchen:

α. vor der Cäsur:

Pourquoy, ce leur dit-il,	me venez vous liant?	Baïf 209.
Je (disoit-il)	sens le fond de ma mitre	Rabelais I 12.
Dieu, disent-ils, ainsi	espronue ses fideiles	Jodelle II 340.

Vgl. Chans. XXI 14; Rabelais I 13; Ronsard I 41,₁₁; VII 27; Jodelle Cleop. III 153; Didon II 191.

β. nach der Cäsur:

„Homme sage,	ce dit-il, a puissance . . .	Villon 195.
Vous souvient-il,	se me dirent-ilz lors	Marot Ep. XXVII 17.
Donne à ton fils	Amour (repond Oracle)	Baïf bei Ste-Beuve p. 88.

Vgl. Chans. XLVII 16; Ronsard III 108,₃; V 53,₂₆; VII 27; Baïf 25,₇; 42,₆.

c) Statt eines Satzes kann sowohl im ersten wie im zweiten Vgl. eine Anrede, Anrufung, ein Ausruf oder dgl. auftreten:

α. vor der Cäsur:

Beau sire Dieux	je m'esbahyz que c'est	Villon 218.
Gentilz hommes	ayez y bien regart!	Chart. nobl. 208.
O pitoyable royne	ô quel tourment te ronge?	Jodelle Cleop. I 120.

Vgl. Ball. Chart. IV 37; Villon 135,₉; 220,₁₆; 228,₁₂; Chans. X 2; 12; XXIII 21; XLII 2; LV 13; LXIII 5; 13; LXV 1; CXXIV 1; 9: 17; Cretin 58,₃₄; 59,₁₀; 69,₂₃; 70,₉; Marot Ep. XXVI 1; XLII 103; El. I 14; Martial I 72,₁₂; Ronsard I 18,₁₉; Jod. Cleop. II 123.

Die Anrede etc. füllt das erste Vgl. nicht, sie steht:

I. am Beginn des Verses:

Maistresse, dont te prend	ceste cruelle envie?	Baïf 96.

Vgl. Ronsard IV 348,₂₅; Villon 150,₅; Chans. XXX 15; Baïf 31,₄; 265,₂₅; 352,₁₄.

II. unmittelbar vor der Cäsur:

Las! Sire Dieu,	à vous nous affuyons.	Martial I 69.
J'apelle, chère sœur,	les Dieux en temoignage	Jod. Did. IV 335.

Vgl. Villon 204,₅; Marot Enfer 203; El. II 73; XXIV 25; Ronsard I 45,₂₇; Jodelle, Cleop. III 119; Didon II 21; Baïf 25,₂₇.

III. Es treten oft mehrere solcher Ausrufe im Vgl. auf:

Par Dieu! Bon temps,	mal me tenez promesse	Ch. d'Orl. I 124.

He! Dieu, hellas! que fera ma pensée? Chans. XXIII 9.
Antres, prez, fleurs, dites-le-luy pour moy Ronsard I 40.

Vgl. Chans. XXXVII 12; XLVII 21; 31; LXV 11; CXXIV 15; Marot Ep. XLIII 17; Rons. 1 29,$_{11}$; 32,$_{22}$; Jodelle Cleop. IV 13[1]); Garnier-D. XVIe s. p. 180.

β. nach der Cäsur:

Vous y parlerez assés, mon amy doulx Chans. XXX.
Gardez le bien plaisante creature „ XXXVII.
Et donc vient ce, doulx Dieux de paradis? Desch. ball. LVII.

Vgl. Desch. ball. LXVIII 1; Villon 203,$_8$; Ch. d'Orl. II 216; Chans. XXX 3; XLVII 36; LXXVIII 15; Martial II 191,$_{36}$; Lemaire 4,$_{20}$; 39,$_7$; 162,$_{19}$; $_{25}$; $_{26}$; Marot Enfer 411; Egl. I 159; Ep. X 23 fg.; 33; XIII 5; 44; XXV 4; XXXV 31; XLVIII 61; L 11; El. VI 7; X 23; XI 29; Ball. X 28; XV 9; Rabelais I 14,$_5$; Bellay I 104; 323; II 149; 171; 270; Ronsard I 24,$_{28}$; 56,$_{14}$; 73,$_5$; 80,$_{14}$; V 80,$_7$; Jodelle Cleop. I 19; IV 46 fg.; V 33; Didon II 46; III 397; Baïf 24,$_{35}$; 183,$_{18}$; Garnier bei D-H. XVIe s. p. 170.

Die Anrede etc. nimmt auch hier zuweilen das Vgl. nicht vollständig ein:

Le Seigneur Dieu, ô ma chére âme, loue Baïf 361.
Ayez pitié de moy, mon très doulz filz Rec. II 121.

Vgl. Villon 107,$_2$; Baïf 1,$_1$; 25,$_{33}$; 34,$_7$; 53,$_{18}$; und öfter.

Auch mehrere solcher Ausdrücke können im Vgl. vereinigt sein:

Je vous supply, ciel, air, vents, monts et plaines Ronsard I 40.
A tant vous pry, m'amour et ma richesse Chans. XXVIII.
Portons le dueil nous, Dames, Damoyselles Martial II 28.

γ. sowohl vor wie nach der Cäsur befindet sich eine Anrede oder dgl.:

Hélas, amanz, hélas, se peult-il faire Marot El. VII 17.
O ciel, ô terre, ô mer, je brusle tout Baïf 204.
Las! si ferez, doulce royne des fleurs Chans. LXIII 15.

Vgl. Chans. CXXXVIII 1; CXLIII 5 Marot Ep. XVIII 45; El. XV 39.

Bemerkung. Mehrere solcher Ausrufe etc. füllen oft den ganzen Vers; dieselben sind dann meist so geordnet, dass jede derselben oder mehrere zusammen auf ein Vgl. beschränkt sind:

O charité, ô bonté indicible! Marot I 76.

Vgl. Chart. fort. 5; Ball. Chart. III 31; Villon 105,$_8$; 195,$_7$; 204,$_{19}$

---

[1]) Die dreimalige Wiederholung von „Cesar" ist getadelt bei Darmesteter-Hatzfeldt, le seizième siècle en France, Paris 1883, 2. Aufl. S. 180.

216,₆; Chans. XXVIII 1; CXLIII 1; Martial II 19,₈; Cretin 65,₃₅; Lemaire 17; Collerye 165,₂₇; Marot Ep. I 131; XVII 24; L 5; El. XI 9; Bellay I 107; 120; 130; II 140; Ronsard I 19,₁₅; 32,₁₃ fg.; 82,₂; 96,₂₃; 99,₃; Jodelle Didon II 15 fg.

O Amour! ô Mercure! ô Didon! ô Ascaigne!		Jodelle Didon II 553.
O nuict! ô jour! ô manes stygieux!		Ronsard I 99.

Vgl. noch: Villon 197,₂; Ronsard I 99,₉; Jodelle Cleop. IV 117; Didon V 189.

Auffällig, weil ganz vereinzelt ist daher fg. Versform, bei welcher ein Übergreifen des Sinnes über die Cäsur hinweg stattfindet:

O jour hideux! ô mort horrible! ô destinée Jodelle Didon V 203.

d) **Eingeschobene Sätze**, die den Gang der Erzählung oder Rede unterbrechen und zu näherer Erklärung eingeschaltet werden, füllen meist das zweite Vgl.:

Qu'occist Judic	(et dormoit entendiz)	Villon 228.
Tant avoit paour	ce me disoit tousjours	Chans. LII 19.

Vgl. noch Villon 228,₃; Chans. LII 30; Marot El. II 25.

Daneben werden von dem Dichter häufig typische Wendungen verwandt, und zwar bald im ersten, bald im zweiten Vgl. Davon sind zu nennen:

α. **Zeitbestimmungen**:

Le beau soleil... N'a pas longtemps, ... en ma chambre	entra un bien matin Ch. d'Orl. I 85.

Vgl. Marot, temple de Cupidon 66; Ep. XIX 33; Baïf 208,₁₂.

β. **Formeln**, in denen der Vortragende ein Urteil über das Vorhergehende ausspricht, oder die er zur Betrachtung des Gesagten verwendet:

... le bien remunerer	Vourra aux bons	— ainsi faire le suelt —; Desch. ball.
... il se feit une bigne	Bien me souvient,	à l'estal d'ung boucher; Villon 135.
Et ne pense point... Ne que mourir	doye,	c'est grant folour Desch. ball. CXCVIII.
Ses maulx y mist,	je le croy.	— C'est fouleur; Villon 195.

Vgl. Ch. d'Orl. I 4,₁₃; Villon 111,₁; 112,₁; 217,₁₁; Chans. XXIII 8; XLVII 17; LXVIII 16; Desch. ball. CCCCXLII 15. Rec. VI 13; Marot Cupidon 445; Ep. XXIX 98; El. VI 21; Jodelle Didon II 21; Baïf 180,₂₉.

γ. **Formeln**, in denen der Vortragende seine subjektive Ansicht ausspricht, oder mit denen er das Vorgetragene zu bekräftigen sucht, bzw. als wahr einräumt; dieselben nehmen bisweilen das Vgl. nicht vollständig ein:

... ame ne peult merir N'entrer es cieulx je n'en suis menteresse Villon 105.
Certes je croy (et ma foy n'est point vaine) Marot El. III 22.
Contre le Cerf combat, je le confesse Rec. IV 50.
Et n'en sera, ce croy-je, offensé Dieu Marot El. I 125.
Et Meline, je croy, ne mourra pas aussi Baïf 107.
Vgl. Desch. ball. XXIII 29; CXLI Refr.; Chart. fort. 282; Villon $218_{,2}$; Chans. LIX 12; Rec. II $121_{,1}$; Marot El. VII 22; XI 13; Ep. XXVII 46; XLIII 73; L 29; Ronsard IV $38_{,15}$; Jodelle Didon I 21; Baïf $101_{,12}$.

δ. Der Dichter wendet sich direkt an die Zuhörer:
Mais bien ie dy (et n'en vueille desplaire) Que... Bellay I 268.
Ja creu ne l'eusse je vous jure ma foy, Jusqu'a present Chans. XXXVIII.
Joustes tournois... En temps de pais furent, n'en doubtez mie,
 Desch. ball. CIX.
Console aussi, je te pry, ma vieillesse Bellay I 331.
Mais dy-moy, je te pry, as-tu point souvenance...? Belleau-D. 240.
Je te pry, prens pitié d'vne pauure famille Jodelle Didon II 161.
Vgl. noch: Chans. XXXVIII 21; Marot Ep. XI 58; Ronsard IV $130_{,86}$; Jodelle Didon II 425; III 154.

B. Eine neue Konstruktion mit neuen Gedanken beginnt nur selten nach der Cäsur:

Le vent est bon. En la mesme façon
 Tomba... le garçon; Ronsard VI 141.
... et n'en fut oncques Et n'en sera. Ne vous estonnez doncques...
 Marot El. XXIV 32.
La haine fait le dol. Junon par les envies... Jodelle Didon I 107.
Des jamais tu fus. La fureur épPoint
Les fleuves emus, ... Baïf 350: Psalm XCIII.
Vgl. Marot El. V 17; XI 22; Jodelle Cleop. III 285; Didon I 205; 101; 121; II 216; 334; 412; III 479; IV 109; Baïf bei Ste-Beuve S. 87.

3) Auf den im ersten Vgl. befindlichen (Haupt- oder Neben-) Satz folgt nach der Cäsur ein abhängiger Nebensatz:

A. Ein reiner Konjunktionalsatz:

Car li temps est que chascun se desroie Desch. ball. XXI 5;
Toutes dirent qu'il a sens et science Chart. fort. 1188.
Si me semble-il que rien n'ay obtenu „ ball. III 7.
Croy-moy, amy, que les choses peu plaisent Marot El. I 21.

Ha! dames, ha, faut-il que ce malheur ie taise Jod. Cleop. I 173.
Puis qu'il vous plaist que pour vous je languisse.. Ronsard I 68.

Vgl. Desch. ball. VII 21; XXIII 3; XC, 1; CCCCLXXXV 15; Ch. d'Orl
I 91,$_{14}$; Chart. nobl. 164; 290; fort. 386; 396; 549; 699; 794; mort[1]) 112;
179; 182; Ball. Chart. II 5, 27; IV 23; Ch. d'Orl. I 3,$_{10}$; 5,$_{23}$; 9,$_{8}$; 82,$_{4}$;
125,$_{15}$; 124,$_{25}$; II 243. Villon 106,$_{5}$; 135,$_{1}$; 146,$_{1}$; 162,$_{1}$; 163,$_{1}$; 196,$_{6}$;
201,$_{5}$; 204,$_{9}$; 217,$_{4}$; 237,$_{7}$; 357,$_{5}$; Chans. V 7; 9; 26; X 16; XXV 5;
15; XXVIII 3; 5; 11; XLV 8; 20; LXXX 4; Martial I 62,$_{7}$; 64,$_{15}$; II
20,$_{28}$ fg.; 24,$_{31}$; 26,$_{15}$; Cretin 53,$_{23}$; 54,$_{6}$; 63,$_{7}$; 64,$_{6}$; 70,$_{13}$; 150,$_{17}$;
151,$_{6}$; Lemaire 6,$_{21}$; $_{25}$; 15,$_{16}$; 16,$_{16}$; 21,$_{10}$; 26$_{18}$; $_{26}$; 27,$_{8}$; 29,$_{36}$; 43,$_{1}$;
46,$_{8}$; 161,$_{15}$; 163,$_{20}$; 167,$_{10}$; 180,$_{26}$; Rec. VI 10; 11; 12; 14; 16; Collerye
28,$_{27}$; 30,$_{10}$; 31,$_{24}$; 37,$_{15}$; 21 fg.; 41,$_{10}$; 42,$_{10}$; Marot Enfer 13; 244;
259; Cupidon 444; I 71; Ep. XI 55; XIII 13; 61; 67 fg.; XVII 28; XLII
115; Egl. II 67; El. I 127; V 3; XVI 1; XIX 2; 70; Rabelais I 12,$_{13}$;
13,$_{15}$; Bellay II 69; Ronsard I 15,$_{10}$; 21,$_{15}$; 22,$_{9}$; 27,$_{8}$; 33,$_{5}$; $_{9}$; $_{17}$; 39,$_{7}$;
41,$_{13}$; etc. II 173; 293; IV 53,$_{18}$; 61,$_{18}$; 65,$_{14}$; 133,$_{26}$; 138,$_{17}$; 141,$_{7}$;
VII 170; Jodelle Cleop. I 118; 173; 182; III 93; 246; Didon II 89;
415; Baïf 15,$_{29}$; 25,$_{32}$; 37,$_{19}$; 46,$_{7}$; etc.

Bemerkung 1. Zuweilen enjambiert der nach der Cäsur
beginnende Nebensatz:

Si vouloit-il que l'en fist leur payement A leur veufves Martial I 71.

Vgl. Rec. VI 16,$_{21}$; 15,$_{27}$; Martial I 69,$_{23}$; Cretin 55,$_{6}$; Marot Ep.
XIII 63; XLII 2; Rabelais I 14,$_{9}$; 14,$_{13}$; Jod. Cleop. I 167; II 15; 131;
135; 167.

Bemerkung 2. Der Nebensatz kann auch beginnen nach
einzelnen invertierten oder enjambierten Satzgliedern:

L'on trouvera   qu'ilz sont ....
Si pertroublez   que de rien ne leur chault   Rec. VI 15.
Depuis le jour   que je senty sa braise, ...   Ronsard I 55.

Vgl. Ball. Chart. III 21; Villon 145,$_{1}$; 149,$_{6}$; 220,$_{10}$; 357,$_{8}$; Chans.
XXVII; XXXVIII 14; Martial II 17,$_{13}$ Collerye 27,$_{21}$; 36,$_{15}$; 36,$_{17}$; 41,$_{9}$;
Marot Ep. XXIX 96; Rabelais I 13,$_{6}$; 15,$_{8}$; Ronsard I 92,$_{6}$.

Bemerkung 3. Der dem reinen Konjunktionalsatze vor-
aufgehende regierende Satz braucht nicht vor der Cäsur zu
stehen, oder das erste Vgl. voll einzunehmen, wenn die Ver-
bindung zwischen beiden Sätzen eine so enge ist, dass der
regierende Satz ohne den subordinierten unvollständig sein
würde. Dabei sind mehrere Fälle zu unterscheiden:

---

[1]) Complainte contre la mort qui luy oste sa Dame.

a) Der regierende Satz schliesst im ersten Versteil ab:

α. Der subordinierte Satz reicht bis zum Versschluss:

Garde qu'Enfer n'ayt de nous la maistrie Villon 202.
... Si froid qu'autour me morfond le cerueau Rabelais I 12,₃₃.
Dirent qu'il est d'immortalité digne Cretin 66.
Penses, que ie deuois, miserable et deciie,
...donner force... Jod. Did. III 383.
S'ils escriuoyent qu'il faut ardre tout heretique Jod. Sonn. 34.

Vgl. Desch. ball. XII 9; Chart. fort. 1018; Villon 145,₇; 195,₁₈; Chans. XLVII 2; Martial I 72,₉; Cretin 70,₂₇; Marot 1 69; 83; Enfer 40; El. 1 30; 150; Lemaire 63,₂; Rabelais I 3,₆; 13,₂₀; Bellay II 67; 68; 188; Ronsard I 264,₂₃; IV 10,₂₅; 15,₂₉; 16,₁; 41,₆; Jodelle Cleop. III 155; Didon I 83; 126; II 11 fg.; 25; 57; 87; 145; 292; 393; 430; 551; 584; III 338; IV 311; V 116; Baïf 6,₄; 26,₁ etc.

β. Der abhängige Satz endet mit der Cäsur (es folgt gewöhnlich nach der Cäsur ein koordinierter):

Je voy que ouy: et que mon propre chant... Lemaire 6.
Mais veult qu'il vive, et que jamais ne meure Cretin 63
Vray est qu'on dict que Mars la luy permet Rec. IV 51.

Bemerkenswert sind folgende Verse, bei denen am Anfang des zweiten Hemistichs ein Prädikativ auf das Subjekt eingeschoben ist:

Soit que d'elle le mal, pitoyable, il cherisse,
Ou soit que le peruers, iusticier, il punisse Jodelle Didon IV 195.

b) Der regierende Satz endet im zweiten Vgl. und beginnt mit Versanfang; dem subordinierten Satze geht nach der Cäsur voraus:

α. das Verbum des regierenden Satzes:

Les gens de la ville ont dit qu'il l'auront Chans. CXLII.
.... Qu'ars, prins lacé, par eux faut que je meure Ronsard I 11.
Quant Jeunesse vit que point ne parloye Ch. d'Orl. I 9.
Bon et honneste estoit que sous les cieux Homme ne sçay... Cretin 54.

Vgl. Desch. ball. XCII 8 Refr.; Ch. d'Orl. I 144,₁₇; Lemaire 15,₂₇; Marot Enfer 32; Ep. XVII 33; El. I 84; Villon 110; Rec. VI 162,₁₀; Collerye 30,₂₈; Ronsard I 37,₁; 121,₂₄.

β. seltener ein anderes Satzglied:

Et pour ce veult Dieu qu'on les suspedite Desch. ball. XVI 20.
Mon cueur soustient si grief dueil qu'il en fend Cretin 70.
Faisant signe du doigt à l'autre enfant qu'il vienne Ronsard IV 12.

Ne t'a rien dict, **pour vray**, qu'elle ne tienne Marot El. VI 20.
Je penserois **plustost** que les ruisseaux
Fairoient aller... Marot El. VII 11.
Vgl. Desch. ball. CXIII 32; Chart. fort. 517; mort 85; Chans. XLV 17.
XXXVII 16; Cretin 59; Marot Ep. X 32; Ronsard IV 54,₆.

c. Der regierende Satz beginnt nach der Cäsur:

Me font fouyr le pais,	et fault que loing je trote	Chans. LXXXIV.
Lourdault, Lourdault, lourdault	garde que tu feras	„ LXXI.
Cest pour monstrer	qu'ilz veulent que tu viue	Lemaire 183.
O, eunuque, dit-il	comme il fault que ie meure	Jod. Cleop. I 171.
Je sens le fer	dont il faut que ie meure	Bellay I 116.

Vgl. Chans. LXXXIII 10; Marot Ep. XI 64; XIII 131; 190; XVIII 1; XXIV 27; XXV 41; 45; XXVII 7; 47; XXXV 69; Enfer 248; El. 1 25.

Anmerkung. Häufig enjambiert der abhängige Satz, der im zweiten Vgl. beginnt:

Il ne faut plus desor de moy que tu attendes
Quelques autres honneurs... Jodelle Cleop. IV 133.
Et vous plaise savoir que tousjours suis Tres desirant Ch. d'Orl. I 108.
.... il eut..... Et si frians passages, qu'appetis
 S'y delectoient,... Cretin 59.
Combien qu'il soit certain, que la corneille
Ayt.... apporté mainte lettre ... Rec. IV 54.
Si les arrests du Ciel voulaient qu'à mon plaisir
 Je filasse ma vie Jodelle Did. II 289.

Auffällig ist fg. Vers, wo das erste Hemistich gar keine Beziehung zum zweiten hat: .

... qui, allongeans d'vne heure
Mon miserable fil, font que cent fois ie meure Jod. Did. V 4.

Bemerkung 3. Zuweilen stehen zwei koordinierte abhängige Nebensätze im Vgl.:

Car aduis est qu'on pleure et qu'on l'armie Lemaire III 173.
Et me permette qu'ainsi je vive et face.... Cretin 157.
Vgl. noch Desch. ball. CXXXIV; Villon 146,₁₅; Cretin 70,₁₁.

Bemerkung 4. Rein konjunktionale Sätze kommen bisweilen als Flickwendungen vor:

Or ie vous pry (mais qu'il ne vous desplaise) Lemaire 50.
Mais tu auras (que Dieu ce bien te face) Le vray moyen Marot I 69.

Bemerkung 5. Den nach der Cäsur beginnenden reinen Konjunktionalsatz unterbricht bisweilen ein Relativsatz oder ein anderer Nebensatz:

Quoy! Cesar, pensoit-il	que ce que dit j'auois . . .	Jod. Cleop. IV 11.
Vous suppliant	que quant serez en voye . . .	
Que . . . . vous me faciez valoir		Collerye 37.
Nous a descrit	que, pour cueillir la rose,	
Riche amoureux	a . . . l'advantage	Villon 358.

Vgl. Villon 152,13; 357,11; Chans. LII 29; Rec. VI 162,10; Lemaire 165,1; Rons. I 57,20; Jodelle Cleop. II 153; Didon II 361.

B. Mit der Cäsur beginnt ein adverbialer Konjunktionalsatz (der Zeit, der Bedingung, der Einräumung, des Grundes, der Art und Weise).

a) Der regierende Satz endet in der Cäsur:

Trop tard on se repent	quand la faulte est commise	Ronsard IV 131.
Louez la court	avant qu'il vous empire;	Villon 204.
Compter me fault	se temps ay et espace	Desch. ball. VII 33.
Que nous nuira	si nous la confortons?	Jod. Cleop. II 141.
Or est-il mort	puis qu'il a pleu à Dieu	Martial II 31.
La mort me tuë	si je l'ay jamais fait	Cretin 151.
Car parler sceut	comme font les humains	Lemaire 33.
Crainte et desir m'esveillent	tant que ne puys dormir	Chans. XCVII.
Prince ay je tort	puisque jay choisi telle	Ball. Chart. II 31.
Tout cueur est droit	quoy qu'il soit rigoureux	Marot El. XV 25.

Vgl. Desch. ball. VIII 23; I.VII 16; LIX 5; XCII 3; CCCXLII 33; Chart. fort. 151; 252; 483; 926; 1210; mort 110; Ball. Chart. II 2; Ch. d'Orl. I 3,13; 6,25; 8,31; Villon 111,10; 112,13; 135,12; 136,8; 161,9; 195,6; 253,18; Chans. XXI 17; XXIII 28; XXV 18; XLVII 26; LII 8; LVIII 6; LXXI 19; Martial II 21,25; 29,14; Rec. VI 14,18; 16,5; Cretin 60,8; Lemaire 6,18; 18,6; 158; Collerye 26,18; 26,22; 28,2; 28,5; 37,9; etc.; Marot I 69; Ep. XI 44; XIII 14; 19; 216; XVIII 32; XXVII 6; XXIX 94; XXX 6; XXXV 39; XLII 175; XXV 46; L 1; Ball. IV 7; Ronsard I 47,15; 97,28; IV 49,6; 61,17; 132,27; 141,18; V 348,15; Jodelle Cleop. IV 155; V 77; Didon II 39; 148; 390.

Bemerkung 1. Dass auch hier zwischen dem regierenden und abhängigen Satze eine Anrede oder dgl. stehen kann, braucht wohl kaum durch Beispiele belegt zu werden:

Je meurs, Paschal, quand je la voy si belle Ronsard I 48.

Bemerkung 2. Im zweiten Vgl. können zwei koordinierte Nebensätze vorhanden sein:

Recevez le,	s'il vous plaist et agrée	Ch. d'Orl. II 24.
Tu vois assez	s'elle sert ou affole	Marot Ep. XI 2.
Il apprendra	comme Amour rit et mord	Ronsard I 37.

b) Der regierende Satz wird durch den adverbialen Nebensatz unterbrochen:

Dedans Paris combien que fusse a Bloys,
.... faict ses premiers exploits Marot Ep. XLII 125.
Dieux immortelz, puis qu'il est de maison Penzez de luy Cretin 63.

Vgl. Villon 149,$_{18}$; 162,$_{13}$; Chans. XXVIII 11; LIV 5; LV 5; Rec. VI 15,$_{21}$; Cretin 62,$_{6}$; Marot Ep. II 42; XVIII 29; XXIX 77; XLII 51; XLIII 24; Collerye 28,$_{19}$; 36.$_{0}$; 40,$_{9}$; Jodelle Didon II 179; Baïf 10,$_{7}$.

Hierher gehören auch die eingeschobenen Flicksätze, die verschiedenen Inhalt haben können:

Si sommes nous (quand bien i'y ay pensé) Tous deux egaux Lemaire 30.
Et si avoit (afin que l'entendez)
Son arc..... et ses yeux desbandez Marot El VI 13.
Je m'en vay le premier (s'ainsi te vient à gré)
Te chanter ma complainte ... Ronsard IV 46.

Vgl. noch: Lemaire 30,$_{8}$; 36,$_{26}$; 43,$_{24}$; Marot El. IX 33; Rabelais I 12,$_{18}$.

c) Der adverbiale Nebensatz ist zwischen einen regierenden Satz und dem von ihm abhängigen eingeschoben, welcher letztere im nächsten Verse folgt:

Je vous requiers quant vous avez loisir Que me feittes... Ch. d'Orl. I 154.
Qui ces quatre a s'il est prince mondain
Met son honnour... en aventure (Nachsatz) Desch. ball. I.
Sçaiche de vray puis que demandé l'as:
Que mon droit nom je ne te veulx point taire Marot Enfer 344.

Vgl. Martial II 12 (Nachsatz); Chans. XXV 13; CXXIX 3; Marot Ep. XXV 25; XXVII 39; XLII 109; Jod. Cleop. I 55; II 119; III 215.

d) Der adverbiale Nebensatz kann nach der Cäsur eine neue Satzperiode beginnen; resp. einem im vorhergehenden Verse befindlichen koordinierten Satze parallel laufen.

... ne me peut mal venir Comme je croy. Depuis que je la vy .....
Collerye 28,$_{24}$.
Là est mon but. Mais quand je me ravise Doy je finir... Marot Ep. L.
Avanson plus avant. Quand la Parque meurtrière
.... mon age trencheroit Baïf 5,$_{26}$.
Retiens doncques ce point: et si tu veux m'en croire
.... ne hazarde ta gloire Bellay II 70.

Vgl. Marot Egl. II 47; Ep. XVI 50; LIV 39; El. XV 31; Jodelle Didon I 255; 261; Baïf 14,$_{28}$; 25,$_{10}$; 40,$_{21}$.

c) Vor dem adverbialen Nebensatz können im ersten Vgl. auch Satzteile stehen:

Cause .... de destruction
D'ame et de corps,   quant d'autrui bien se blesce   Desch. ball. VI.
... ne devez Avoir desdaing,   quoy que fusmes occis   Villon 201.

Vgl. Christine-B. 439,$_{16}$; Villon 7,$_7$; 145,$_{10}$; 197,$_9$; 202,$_1$; Desch. ball. III 2; VI 14; Chart. fort. 1173; Martial I 72,$_{21}$; Marot Ep. XXIX 77.

Bemerkung 1. Zuweilen enjambiert der nach der Cäsur beginnende Nebensatz:

S'il t'en souvient,   lors que tu trouveras
De mes amys,   si dure ne seras   Marot El. I 151.

Vgl. Desch. ball. XX 1; Martial II 195,$_{18}$; Cretin 66,$_1$; Ronsard IV 38,$_{11}$; Jodelle Cleop. II 57; Didon I 27; II 33; III 239.

Bemerkung 2. Beginnt der adverbiale Nebensatz im ersten Vgl., so reicht er:

α. gewöhnlich bis zum Versschluss:

.... On se ronge
En vain s'on veut auoir   la raison de tout songe   Jod. Did. II 284.
Voyez, quand le soleil   sur nos testes remonte   Baïf 26.

Vgl. Chans. CIII 2; Rec. II 178,$_3$; VI 12,$_8$; Marot Ep. XI 76; XXXV 46; Jodelle II 18; Didon I 201; IV 284.

Dabei werden zusammengesetzte Conjunktionen durch die Cäsur häufig zerlegt, so dass der erste Teil vor der Cäsur steht, während *que* nach der Cäsur folgt:

Prince pour ce   que ne puis tenir   Villon 254.
Mais c'est affin   qu'un jour soit possible   Rec. VI 14.

Vgl. Desch. ball. CXX 15; Rec. VI 16,$_2$; Cretin 37,$_{25}$; Lemaire 70,$_{15}$; Marot Egl. II 163; Ep. XVIII 35; XXII 105; XXXV 80; XLIII 28; 33; 97; Ronsard I 28,$_{10}$; 30,$_{10}$; 57,$_5$; 66,$_7$; Jodelle Eug. Prol. 57; Didon 203; 94; 99; III 393.

β. zuweilen nur bis zur Cäsur:

Vray est, quand tu me vois   tu prens un peu de cœur   Ronsard II 357.
La terre, comme elle est,   vers les hommes despite   „   IV 24.
Encor que, comme il dit,   du grand Atlas la race,
Mercure soit venue ...   Jod. Did. I 13.

Selten sind Verse, in denen der im ersten Vgl. beginnende Nebensatz mitten im zweiten Versgliede endet:

Lequel après   qu'il a reffuzé, muse   Collerye 33.
Voire (s'il est permis   d'ainsi parler) feees   Jodelle II 274.

Bemerkung 3. Flickwendungen, die mit dem regierenden Satze nicht eng zusammen gehören, brauchen nicht das ganze zweite Vgl. einzunehmen:

a. En ceste mer, se Dieu n'est, periron   Desch. ball CXXXIII.
C'est celuy qui afferme
Qu'il ouvre enfer, quand il veult, et le ferme   Marot Enfer 356.
Vgl. Desch. ball. CCXXIII 9; CXLIII 19; Ch. d'Orl. II 13,$_6$; Rec. VI 134,$_3$; Cretin 71,$_{18}$; $_{21}$; Lemaire 35,$_{21}$; Marot Enfer 67; 154; Ep. XXX 7; El. 1 41; Ronsard 1 57,$_{20}$; Baïf 55,$_{18}$.

Bemerkung 4. Der nach der Cäsur beginnende adverbiale Nebensatz hat vereinzelt einen subordinierten Satz hinter sich, der enjambiert.

Dame d'honneur, si vous voulez que soye Tantost pery... Chans. LV.

Bemerkung 5. Auffällig ist das Übergreifen des ersten Satzes in folgenden Versen:

Princes, il est	nul, s'il a raison plaine,	
Qui ne voulsist ...		Desch. ball. XII 31.
Il faut prendre	le temps si comme il est	Desch. ball. LIV 8.
Entendez bien	ça, se vous n'estes sours	Desch. ball. CCCLXIII 49.
En treuvent bien	autres, s'ilz en ont cure	Villon 253,$_{17}$.
Comment on fait	au loup quand il est pris	Chans. LVIII 12.
·XXXII· ans	ot quant il desvia	Desch. ball. CCII 10.
Il ne me chault	iamais comme tout voise	Chart. S. 533,$_{23}$.

C. Nach der Cäsur beginnt ein Relativsatz und zwar:

a) nach vorausgehendem, mit der Cäsur vollendetem Satze; der Relativsatz ist eingeleitet durch das gewöhnliche oder verallgemeinernde Relativum oder Lokativpronomen und bezieht sich entweder attributiv oder prädikativ auf einzelne Teile oder den ganzen Inhalt des regierenden Satzes; oder aber er bildet das Subjekt desselben:

C'est le beau los	qui retourne en mespris	Chart. fort. 1057.
Mon corps languist	quelque part que je soie	Desch. ball. CCCCXXXVII
Las! or n'ay plus	ce que i'avoye amors	Chart. S. 532,$_{22}$.
Il n'est vivant	qui pour l'or ne desvoye	Rec. VI 16.
Sage n'est pas	qui trop auant s'y fonde	Lemaire 42.
Où sont les motz	qui tant m'ont fait d'alarmes	Marot El. VII.
Je semble au mort	qu'on devale en la fosse	Ronsard I 56.
Mais ie m'en vais	où tu m'as condamné	Bellay II 36,$_{10}$.

Vgl. Christine-B. 439,₂₃; 440,₁; ₁₀; Desch. ball. VI 17; XX Refr.; XXII 1; XXXII 7; LXII 26; LXXXII 20; CXVII 33; Chart. fort. 14; 41; 748 fg.; nobl. 171; 382; 416; 446; S. 533,₃; etc.; reg. IV 14; 16; Ball. Chart. II 19; III 18; 28; IV 16; 20; 34; Ch. d'Orl. I 5,₁₄; 8,₄ fg.; 124,₂₂; II 216; Villon 111,₈; 145,₁₈; 146,₁₈; 201,₁; 220,₉; 254,₅; 357,₇; Chans. X 10; XXIII 12; 23; 26; XXV 7; 14; XXVIII 9; XXXVIII 19; XLVII 10; LV 3; LXIII 11; LXXI 16; LXXXIII 6; LXXXVIII 2; CXIV 6; 8: CXXIV 10: CXLIII 11; Rec. VI 13; 14; 15,₂₄; 17,₆; Martial I 73,₁; II 21,₂₂; 29,₃₀; 179,₂₄; Cretin 66,₉; 71,₁; 71,₄; 109,₁₃; 142,₂₅; Lemaire 19,₁; 21,₂₄; 24,₁₀; 40,₂₂; 44,₂₈; 64,₁₇; 71,₇; 161,₈; ₁₀; Collerye 25,₁; ₄; ₁₈; 30,₂₂; 32,₁₄; 34,₁₃; 36,₇; 41,₁₄; 53,₁₂; Marot I 80; 105; Enfer 146; 156; Ep. X 13; El. VI 22; X 25; XVI 35; Ronsard I 38,₃; 64,₂₄; 80,₁₈; 98,₈₀; IV 10,₁₅; 11,₂₅; ₃₀; 22,₁₇; 46,₁₆; 49,₈₆; 51,₃₃; 55,₂₉; 57,₁₈; 60,₂₅; 65,₈; 131,₄ fg.; V 348,₁₁; 349,₁; VII 27; Jodelle II 292; Cleop. I 33; II 98; IV 70; Didon II 275 fg.; III 248; 270; Baïf 2,₁₁; 3,₁₂; 16,₉; 18,₂; 34,₂₈; 36,₁₀; 101,₁₅; 352,₅; 354,₂₁.

b) Vor der Cäsur befinden sich einzelne Satzglieder des regierenden Satzes:

α. die an der Spitze desselben stehen, (event. Anrede):

Puis qu'a celle qui ne t'a rien meffait Tu as osté .... Chart. S. 533.
Des dix escus que luy avez presté, ... il mist sa norriture Villon 217.
Ma chére dame que je desire tant Souffrez que ... Chans. XLV.
Les Muses lors qui avoient fait enqueste Vont suppliant... Cretin 58.
Mais Ferme-Amour qui estoit avecq moy, Me dist Marot El. I 24.

Vgl. Desch. ball. XXIV 31; Chart. fort. 107; 189; 912; Ball. Chart. III 7; IV 33; Villon 110,₁; 110,₆; 134,₇ fg.; 149,₇; 153,₈; 200,₆; 201,₁; 202,₆; 203,₅; 216,₇; 217,₉; 218,₉; Chans. V 23; X 13; XXIII 13; XXXVII 11; XLV 16; LV 1; CXXIV 13; Rec. VI 11; 19,₂₈; Martial I 62,₁₈; Cretin 60,₁; 61,₁; 65,₁₉: Lemaire 162,₂₁₋₂₃; Collerye 31,₃; 35,₁₅; Marot Ep. VIII 1; XIII 81; 85; XLIII 42; El. VI 1; 18; Rabelais I 2,₂; Ronsard I 12,₆; 18,₂₆; 19,₁₃ etc.; IV 14,₃₃; 40,₁; 46,₂₂; 51,₄; V 8,₂₇; Jodelle Eug. Prol. 69.

β. die vorausgehenden (nicht enjambierten) Satzgliedern parallel laufen:

... furent honneurs donnez
Et hommaiges, qui d'eulx sont attenuz Chart. nobl. 60.
Là fut percé ... le bras de cil qui ...
Non pas le bras dont il a de coustume De manier Marot El. I 81.
En fosse giz.... En cest exil ouquel je suis transmis Villon 196.

Vgl. Chart. fort. 717; 908; 984; nobl. 427; S. 532,₂₄; mort 58; reg. II 19; III 18; VII 11; Christine-B. 440,₈; Villon 106,₁₃; 203,₁₆; 227,₁₉; Farces S. 7; Rec. VI 10; Martial I 72,₃; Cretin

67,$_{32}$; Lemaire 162,$_{16}$; Collerye 31,$_{21}$; Marot Enfer 157: Rabelais I 12,$_{15}$; 13,$_{33}$; 15,$_3$; Ronsard I 39,$_1$; 45,$_8$; 56,$_{16}$; IV 38,$_1$; $_3$; Jodelle Eug. Prol. 41; Cleop. IV 131; Did. III 235; Baïf 2,$_{26}$.

γ. die enjambieren:

Qu'il ait ... la fleur Des richesses dont autres ont douleur Desch. ball. III 25.
... sont les droitz contenuz
De loyaulté où ceulx doivent entendre ... Chart. nobl. 82.
Vous portastes .... Jesus regnant qui n'a ne fin, ne cesse Villon 203.
Et as meurtry .... mon cueur
Par ung seul cop dont ilz sont tous deux mors Chart. S. 533.
Porté soit .... En la forest où domine Glaucus Villon 231.
.... persecuté Par vostre main, qui en ce cas a lieu Martial I 73.

Vgl. Christine-B. 439,$_{17}$; $_{25}$; Desch. ball I 14; XII 24; XVI 2; XXII 26 etc.; Chart. fort. 578; 781; 889; 973; 1125; 1148; 1158; nobl. 372 (Refr.); 386; œuures p. 532,$_5$; $_{21}$; 533,$_{13}$; mort 151; reg. II 5; 15; Ball. Chart. IV 11; 38; Villon 106,$_7$; $_{18}$; 134,$_{12}$; 145,$_6$; 146,$_6$; 161,$_{10}$; 203,$_3$; 214,$_{12}$; 233,$_3$; Chans. V 25; X 19; XXII 12; XXIII 16; XXV 4; XXXVII 18; XXXVIII 4; LVIII 2; LIX 2; Rec. VI 11; 12; 15,$_{20}$; Martial I 73,$_8$; II 17,$_2$; 20,$_{31}$; 25,$_{23}$; Cretin 56,$_{34}$; 68,$_{10}$; Collerye 25,$_3$; 27,$_9$; 28,$_{17}$; 29,$_1$; 31,$_{12}$; 35,$_{21}$; Marot Cupidon 439; Ep. X 4; XIII 230; XXVI 2; XXIX 80; XXXV 30; 65; Egl. II 76; El. I 80; 98; X 7; Rabelais I 12,$_{32}$; 13,$_2$; 14,$_{22}$; $_{24}$; 15,$_5$; $_{18}$; Ronsard I 18,$_1$; 18,$_5$; 19,$_{20}$; 26,$_4$; 42,$_3$; 47,$_{21}$; 50,$_9$; 76,$_6$; 97,$_2$ etc.; Jodelle Didon I 252; IV 209.

Bemerkung 1. Zuweilen tritt ein besonders hervorgehobenes Wort vor den Relativsatz, so dass dieser im Vgl. zu beginnen scheint:

C'est de Cretin, Cretin qui tant sçavoit Marot Cimet. XV.

Vgl. auch Ch. d'Orl. I 131,$_{29}$; Lemaire III 65,$_{12}$; Baïf 102,$_{16}$.

Bemerkung 2. Es finden sich oft zwei oder mehrere koordinierte Sätzchen im zweiten Vgl.:

Seulete suis ou je voise ou je siee Christine-B. 441.
Entre les gens qui furent et sont nez Rec. VI 12.
Mais c'est un dueil qui le cœur ronge et mort Cretin 69.
La mer luy obéit, qui déborde et retire Son flot Baïf 10,$_4$.

Vgl. Chart. nobl. 274; 283; Villon 135,$_{11}$; Chans. LIX 10; CIII 3; CXXIV 18; Martial II 188,$_{23}$; Lemaire 17,$_8$; 25,$_6$; Collerye 26,$_{25}$; 28,$_9$; 33,$_{18}$; 38,$_3$; Rabelais I 2,$_9$; Melin-D. 197,$_{24}$ fgg.; Ronsard I 34,$_9$; 86,$_5$; Jod. Cleop. I 67; Marot Enfer 162; 174; 433; Egl. II 171; Ep. XVII 19; XXXV 71.

Brief, celuy suis qui crois, honore et prise
La saincte .... Eglise Marot Ep. X 17.

Vgl. noch Ronsard I 35,$_2$ und Jodelle II 215 (wo ebenfalls Enjambement stattfindet).

Bemerkung 3. Auch einem Relativsatze kann eine Anrede, ein Ausruf etc. vorangehen:

Ils ont menty, d'Aurat, ceux qui le veulent dire Ronsard V 348.
Vous le sçavez, forests, qui vistes ès boccages Les loups ... Rons. IV 20.
Tu vois nostre âge, helas! qui n'est pas digne „ I 98.

Bemerkung 4. Von dem nach der Cäsur beginnenden Relativsatz kann ein anderer Nebensatz abhängig sein, wenn derselbe mit Versschluss endet:

Tel parle de la guerre qui ne scet pas que c'est Chans. CXXXVIII.
Pour la doleur qu'Amour veut que je sente .... tu lamentois Rous. I 22.
Il ne me chaut quon cuide que ie soye Ball. Chart. II 25.
C'est un subject qui n'a qui luy commande Melin-D. 198.

Auffällig und selten sind Verse, in denen der Relativsatz zwar richtig nach der Cäsur beginnt, aber mitten im zweiten Vgl. endet:

Et nostre cueur qui est en pleurs, se consolle Martial II 31.
Que par vous va ce que devant, derriere Marot I 112.
Jamais rien ce vieillard que ne soit vray n'apporte Jodelle Didon IV 27.
Si m'aueuglé-ie au bien que i'auois, et au trouble
D'vne amante insensé Jodelle Didon I 96.
  ... le remors est le pere
D'vne autre opinon que tu prens, quand tu penses
Offenser ... Jod. Didon III 469.

Bemerkung 5. Wie beim reinen Konjunktionalsatze, so ist auch zwischen dem Relativsatze und dem regierenden Satze die Redepause nicht immer so gross, dass Trennung durch die Cäsur nötig wäre; der Relativsatz kann auch seinem zugehörigen Satzteil im Vgl. folgen:

a) Der Relativsatz beginnt im ersten Vgl. und erstreckt sich:

α. bis zum Versschluss:

C'est luy qui a baillé pour nous sa vie Marot I 75.
Heureux qui, comme Ulysse a fait un bon voyage Bellay II 175.
C'est toy qui as nourry trois belles Marguerites Ronsard IV 32.
Qui font gloire de quoy dieus de neant ils adorent Baïf 351, $_{22}$.
Que c'est toy seul par qui reluit, tourne et s'enflamme Tout rond
  Jodelle bei Fesse S. 223.

Vergl. Desch. ball. LVI 20; LXI 8; Chart. nobl. 357; Ball. Chart. II 28; Villon 149, $_{11}$; $_{17}$; Chans. XXIII 4; XXVIII 2; LXXXIV Refr.; Rec. VI 10; 14; 15; 19, $_{13}$; Coquillart I 14, $_3$; Collerye 34, $_9$; Marot Enfer 332; Egl. II 185; Ep. XXXV 30; XXIX 124; XLII 58; Bellay I 329; II 192; 198; Ronsard I 12, $_5$; 17, $_4$; 21, $_2$; 25, $_{13}$; 32, $_{20}$; 40, $_{11}$; 57, $_{19}$; 73, $_{19}$; Jodelle

Cleop. I 111; II 6; 82; IV 15; 149; Didon I 204; II 9; 28; 239; 242; III 68; Baïf 1,₆; 4,₇; 6,₁₄; 249,₈; 355,₁₃ etc.; Jodelle II 19.

 β. bis zur Cäsur:

 a) Der von dem Relativsatze unterbrochene regierende Satz wird fortgesetzt:

Le bien qu'il a   luy est rendu trop cher   Chart. fort 728.
Le peuple qui vous suit   est tout empoisonné   Ronsard VII 27.
Ou qu'vn proffit qu'on a   pour sçauoir retracer . .   Jodelle II 324.

Vgl. Desch. ball. CCCCIII Refr.; Chart. fort. 763; Ch. d'Orl. I 53,₁₉; Chans. LXXXVIII 13; CIII 5; CXXIX·17; CXLIII 4; Martial II 184,₈₄; Collerye 166,₅; Ronsard IV 50,₆; 129,₁₅; 130,₁₁; Jodelle II 89; Cleop. IV 17; 135; Didon I 283; Baïf 53,₂; 26; 354,₁₅; Bartas-D. 252,₂.

 b) Nach der Cäsur folgt ein zweiter (und dritter) koordinierter Relativsatz:

L'autre qui bee   et euure ainsi la gorge   Lemaire 22.
— Traistre est cil qui trahit,   non qui ses murs delivre   Bartas b. D. 251.
C'est luy qui juge,   ou condamne, ou deffend   Marot Enfer 49.

Vgl. dazu: Coquillart I 9; Jodelle Didon IV 78; Baïf 94,₃₂.

 c) Es folgt nach der Cäsur ein neuer Satz, (von dem wieder ein Relativsatz abhängen kann):

. . . . Aux lieux que tu fondas. Et tu bornes les eaus
De limites certains   Baïf 354.
Fay ce que doiz,   et viegne ce que puet   Desch. ball. LIX.

Anmerkung. Selten finden sich Verse, bei denen der im ersten Vgl. begonnene Relativsatz mitten im zweiten Vgl. abschliesst:

 α. Der von dem Relativsatze unterbrochene Satz wird fortgesetzt:

L'aile qu'Orlande peut   donner aux vers, est telle . . .
           Jodelle bei Fehse l. c. p. 185.

Vgl. Ronsard V 59,₂; Jodelle Didon I 180; II 397; Baïf 355,₇.

 β. Im zweiten Vgl. beginnt ein koordinierter Relativsatz, der enjambiert:

Toy qui meslas ta force   avec le Ciel, et fis Sortir . . . .
           Jodelle Didon III 237.

 γ. Es folgt ein nicht koordinierter Satz, der auch enjambieren kann:

Mais luy qui rit   du tourment qui me poind.   Ronsard I 28.
Elle est où tu veux mettre   vne autre que dedaigne
   . . . ta fierté . . .   Jodelle Did. III 312.

b) Der Relativsatz beginnt im zweiten Vgl.:
De leur piques   se plaingne qui voudra   Desch. ball. XVII 27.
Je ne suis plus   cellui que je souloie   Ball. Chart. II 24.
Et l'honneur des troupeaux est le bouc qui les meine   Rons. IV 20.
Vgl. Desch. ball. III 9; X 25; XV 9; XVII 2; 20; LIII 21; XCIII 28; CCCCXXXVI 35; Chart. fort. 26; 121; 254; 281; 607; 878; 1205; nobl. 79; 199; 218; reg. VI 3; S. 533,$_{21}$; 534,$_{10}$; 535,$_{23}$; Ball. Chart. I 22; II 15; Villon 149,$_5$; 204,$_{10}$; 218,$_6$; Chans. V 7; Rec. V 153,$_2$; VI 16,$_{12}$; Martial II 19,$_{11}$; 26,$_8$; 31$_4$ fg.; 178,$_{15}$; 181$_{12}$; 184$_{19}$; 189,$_4$; 194$_{81}$; 195$_{21}$; Cretin 57,$_{16}$; 61,$_{15}$; 69,$_{29}$; Lemaire 4,$_{21}$; 17,$_8$; 21,$_{14}$; 22,$_{21}$; 25,$_8$; 39,$_{17}$; 43,$_{23}$ etc.; Marot Cupidon 412; Egl. II 125; Ep. XIV 45; XXIX 73; 109; XXXV 78; XLII 93; XLI 63; El. X 28; XI 19; XVI 33; 41; Chans. XXIII 10; XXV 3; LIV 19; XXXVII 6; Collerye 25,$_6$; 32,$_1$; 35,$_{13}$; 39,$_{22}$ etc.; Rabel. I 13,$_{19}$; 15,$_9$; 15,$_{15}$; Bellay I 127; II 16; 62; 143; 270; Ronsard I 13,$_4$; 14,$_{20}$; 15,$_4$; 20,$_8$; 23,$_7$; 45,$_{12}$ etc.; IV 16,$_{18}$; 47,$_{16}$; 141,$_{11}$; Jodelle Cleop. I 94; 137; 239; II 336; 386; III 178; 251; 342; 502; IV 67; Baïf 2,$_1$; 16,$_{10}$; 24,$_8$; 50,$_{22}$; 55,$_{28}$.

Bemerkung 1. Nicht auffällig ist es, wenn derartige, im zweiten Vgl. beginnende Relativsätze über den Vers hinausreichen:

Si ne perds pas la graine, que je sume En nostre corps   Villon 149.
C'est le sainct nom du pape qui accolle Les chiens d'Enfer   Enfer 353.
Vgl. Christine-B. 429,$_{88}$; Desch. ball. LII; Chart. fort. 42; 166; Martial II 18,$_{16}$; Chans. CXIV 15; Cretin 70,$_{31}$; Lemaire 172,$_2$; 173,$_1$ Collerye 30,$_1$; 33,$_{25}$; Marot Ep. XI 61; XXXV 65; XLI 39; XLII 151 Rons. I 33,$_1$; 38,$_1$; 56,$_6$; Jod. Didon II 397; III 160; Baïf 3,$_6$; Jod. II 231.

Bemerkung 2. Häufig geht das Beziehungswort des Relativsatzes demselben nicht unmittelbar voran. In diesem Falle steht nach der Cäsur vor dem Relativsatze:

α. das Verbum des regierenden Satzes:
Autre moyen   ie n'ay, dont puisse attaindre A... gemir   Lemaire 173.
Toute science   aymant, qui rassassie Le corps humain   Cretin 58.
Benoist de Dieu   est qui tient le moien   Desch. ball. LXXXII Refr.

β. zuweilen ein anderes Satzglied:
Le premier jour   de l'Advent qui fut bon   Desch. ball. LV.
Rien ne peut avenir   en l'état qui soit pire   Baïf 60,$_{10}$.
Certes, cil pert   les biens qui veult comprendre   Desch. ball. C.
Où est la bouche   aussi qui m'appaisoit   Marot El. VII.

Bemerkung 3. Vereinzelt sind Verse, in denen der nach der Cäsur beginnende Relativsatz von einem andern Nebensatze unterbrochen wird:

.. veulx narrer ... De gens nouveaulx qui, pleuve, neige ou gresle
    Haront ... tousjour ...   Rec. VI 19.
D'autres aussi, où (pour avoir support)
Tous pelerins doivent faire requestes   Marot Cupidon 247.
Menteur, trompeur; qui, lorsqu'il joue, brasse Ses cruautez Baïf 55.

D. **Nach der Cäsur beginnt ein indirekter Fragesatz, der von einem substantivischen oder adjektivischen Relativ- oder Lokativpronomen oder von einer Konjunktion eingeleitet ist:**

Si ne sçay plus   à quoi me dois tenir   Chart. S. 533, $_{10}$.
Que je ne sçay   à quel bout je commence Rec. VI 11.
Et ne nous chault comment tout en aviegne Martial II 29.

Vgl. Desch. ball. CXXIX 17; Chart. S. 533, $_{24}$; Villon 218, $_{10}$; Chans. LV 3; Rec. VI 17, $_{10}$; Martial I 73, $_{10}$; Lemaire 44, $_{18}$; 158, $_{28}$; 172, $_{8}$; Marot El. XVI 35; XXV 31; Ep. XI 69; XXIX 7; Ronsard IV 11, $_{80}$; Jodelle Cleop. III 59.

Bemerkung 1. Dem indirekten Fragesatze kann eine Anrede etc. vorangehen:

Songe, Cesar,   combien peult la puissance ... Jodelle Cleop. III 39.
Et sçavez vous, sire, comment je paye?   Marot Ep. XXIX 93.

Bemerkung 2. Auch der indirekte Fragesatz kann im Vgl. beginnen, wenn die Verbindung mit dem regierenden Satze eine sehr enge ist:

a) Der indirekte Fragesatz beginnt im ersten Vgl. und reicht bis Versschluss:

Mais sçais-tu quoy   luy repondras en somme Rec. II 120.
Puis vous diray comment[1]) je l'enfermay en cage Ronsard IV 15.
pourras-tu sçavoir combien vault honneur et vertu Marot Egl. I 54.
Voyez si seullement mes pleurs, ma voix, mon dueil
Ont peu ...   Jod. Did. II 433.

Vgl. Cretin 62, $_{23}$; Lemaire 40, $_{24}$; Marot El. I 143; Ronsard I 30, 4; Jodelle Cleop. II 44; Didon II 435.

b) Beginnt der indirekte Fragesatz im zweiten Vgl., so reicht er bis Versschluss:

Si ne faut pas   demander, si i'euz peur Lemaire 19.
... comparer la souverainité
 D'Angleterre à France quoy qu'on die ...   Martial I 73.

---

[1]) Es möge hier bemerkt werden, dass die durch die Cäsur bewirkte Trennung des Relativums oder der Konjunktion (sowohl beim Relativ-, als beim indirekten Fragesatze) von dem fg. Satze ziemlich häufig vorkommt.

Bemerkung 3. Vereinzelt ist der indirekte Fragesatz mit einem andern Nebensatz eng verbunden:
Par elle le paisant ...
Cognoist pour tout le mois quel temps c'est qu'il doit faire Baïf 10.

Bemerkung 4. Der mit dem zweiten Vgl. beginnende indirekte Fragesatz ist bisweilen verkürzt, indem das modale Hülfsverbum ausgelassen ist:

Je ne sçay mais	quel beste devenir	Desch. ball. LXII 10.
Mais je ne sçay	si pleurer ou m'en rire	Rec. VI 19.
Si ne sçay plus	que luy faire ne dire	Marot Ep. XXVI 5.

Bemerkung 4. Dem indirekten Fragesatze kann ein Satzglied zur besonderen Hervorhebung nach der Cäsur vorangestellt werden:
Ne cognoissant Amour, quel dieu c'estoit Baïf 34.

E. Durch die Cäsur können getrennt werden **Vergleichungssätze**: Das erste Glied der Vergleichung endet in der Cäsur, das zweite mit Versschluss.

a) Ausgeführte Vergleichungssätze, sei es nach Komparations- oder nach intensiven Pronomen, Adverbien, oder Partikeln:

Plus y aurez	que n'y eustes autan	Rabelais I 13.
Jay plus perdu	que dieu ne ma donne	Ball. Chart. II 13.
Les biens de vous		
Sont trop plus grand	que ne suis pecheresse	Chans. XXV.
Autant comme tu fais	je l'ose bien vanter	Ronsard IV 62.
Ainsi qu'elle promet	la vie elle deslie	Jod. Did IV 326.
Et plus se rit	quant plus me voit dolent	Ch. d'Orl. ball. XX.
Plus approchons	plus oyons de tumulte	Lemaire 21.
Que sois estimé dieu	ou soit que dieu tu sois	Baïf 42.
Plus je la voy;	moins saouler je me puis	Ronsard I 88.

Vgl. Desch. ball. LIX 1; Chart. reg. VII 13; Villon 195,$_{16}$; 230,$_5$; Chans. C 9; Martial II 181,$_{27}$ Lemaire III 182,$_8$; Marot Ep. XIII 170; Rabelais I 12,$_{18}$; Ronsard I 15,$_{19}$; 28,$_{23}$; 40,$_{10}$; 58,$_{21}$; 76,$_7$; 91,$_{10}$; Jod. Didon II 444; III 126; Baïf 130,$_6$; 204,$_{26}$.

b) Nicht ausgeführte Vergleichungssätze werden ebenfalls durch die Cäsur in ihre Glieder zerlegt:

Je fus traité	comme amy précieux	Villon 357.
Le gardoient comme	un tresor précieux	Cretin 57.
Fay donque vn chant	ainsi que de tenebres	Lemaire 175.

Vgl. Chart. fort. 970; Villon 106,$_1$; 193,$_8$; 231,$_2$; Lemaire 166,$_{11}$; Rec. VI 12; Jodelle Didon II 567.

Bemerkung 1. Das Komparativ- oder Intensivpronomen oder -Adverb wird häufig nach der Cäsur vor das zweite Glied des Korrelativsatzes gestellt:

Le temps n'est plus	tel comme il a esté	Martial II 29.
Crato... Aussi marcha	comme si d'une dance Vouloit bransler....	Cretin 63.
Je doubte et crains	d'autant qu'elle est exquise	Collerye 28,$_1$.
Emmurant ma fortune	ainsi que tu m'emmures	Jod. Did. II 339.

Vgl. Desch. ball. CLXXXIV 17; Chart. reg. III 23; Ball. Chart. II 14; Villon 7,$_4$; 163,$_3$; Chans. LVIII 7; Cretin 57,$_6$; Lemaire 165,$_{20}$; 165,$_{25}$; Baïf 202,$_{36}$; Belleau-D. S. 239,$_{20}$.

Bemerkung 2. Zu Anfang des zweiten Satzes kann eine Anrede eingeschoben sein:

Non, non, non, meurs ainsi, Didon, que tu merites! Jod. Did. IV 405.

Bemerkung 3. Auch bei nicht ausgeführtem zweiten Glied eines Korrelativsatzes kann das Pronomen oder Adverbium ebenfalls an die Spitze des zweiten Vgl. treten:

On la void luire   ainsi que le Soleil   Lemaire 183.

Vgl. Christine-B. 441,$_4$; Lemaire 190,$_{26}$; Ball. Chart. IV 22; Villon 357,$_{16}$; Rec. VI 14,$_{11}$; Marot I 54; Ep. XXVII 30; Jodelle Cleop. II 46; Didon III 121; Baïf 83,$_5$.

Bemerkung 4. Gestattet ist das Beginnen des zweiten nicht ausgeführten Gliedes im zweiten Vgl., wenn der Ausdruck der Vergleichung in Verbindung mit dem dazu gehörigen Nomen nach der Cäsur steht:

Il est ravy	plus hault qu'en tiers cieulx	Chart. fort. 175.
Montrez-vous aujourd'hui	tels sonneurs que vous estes	Ronsard IV 64.

Vgl. Villon 195,$_8$; 198,$_9$; Chans. LXXXIII 6; C 2; Coquillart I 18,$_{11}$; Collerye 39,$_{18}$; Marot El. XV 86.

Daher sind abweichend gebildet folgende Verse, in denen nach der Cäsur das Verbum folgt:

Puis que les gens	vivent ainsi que bestes	Rec. VI 14.
Que pareil bruyt	avez que les musniers	Collerye 278.

Bemerkung 5. Im Vgl. können noch vereinigt sein zwei Vergleichungspartikeln, oder einzelne verglichene Satzteile:

... sa malice rabat Ne plus ne moins	que le vent fait la fume	Villon 146.
... j'auray suffisance Autant ou plus	que d'une grant princesse	Chans. XXVIII.
Que en amours a	plus de ioye que douleur	Chart. fort. 667.

Qui, soit heur, soit malheur,	dessus les dieux s'appuye ..	Jod. Did. I 146.
Suit plustost le parti	des grand dieux que des hommes	„ II 240.
Plus se donnast	à sa femme qu'à vous	Jod. Cleop. III 140.

Bemerkung 6. Ein zum ersten Gliede des Korrelativsatzes gehörender Satzteil wird manchmal in das zweite Vgl. gesetzt und zwar in diesem Falle meist an den Versschluss:

Ou mieulx te plaist	qu'honneur, ceste meschance	Villon 195.
Seroient beaucoup	plus que nous vertueux	Marot El. XIX 22.
Je suis, ainsi	qu'ung homme surprins, prins	Rec. I 61.
Plus de grace à l'amour	moins il a de seurté	Jodelle Did. II 14.
Mieulx est de ris	que de larmes escripre	Rabelais I 2.

Vgl. noch Marot El. XXIV 34 (Prädikatsnomen); Baïf 27,9 (desgl.); Ronsard IV 12,4 (Verbum).

Bemerkung 7. Der zweite Teil des Korrelativsatzes kann auch invertiert im ersten Versgliede vorangehen:

α.
Tel comme il fut	ne se sera des mois	Desch. ball. CXXIII.
Mieulx qu'on n'a dit,	sont de beaulté douées	Marot Ep. XLI 54.
Plus tost qu'il pot	en Egipte s'avance	Desch. ball. CL.
Ainsi qu'un pavillon	le ciel il etandit	Baïf 354. Vgl. Chans. CIII 9
Trop plus qu'à moy	à la France doit plaire	Bellay II 124.

Anmerkung. Ganz vereinzelt steht fg. Vers da, bei welchem auf den zweiten Teil des Korrelativsatzes im zweiten Vgl. ein neuer Satz folgt:

Tel est l'amour, tel le dueil, et l'amant N'est plaint... Baïf 54.

F. Den Vergleichungssätzen schliessen sich diejenigen **negativen** Sätze an, denen ein zweites die Negation einschränkendes Glied folgt, welches eingeleitet ist mit „*que, fors, sinon, se... non, si... non*":

a) Car Marchandise ....
Jamais n'a cours	s'elle n'est en franchise	Martial II 18.
Il ne reste	fors que chacune quiere	„ II 28.
Et rien moins ne pensoit	que venir à la court	Baïf 3.
Il n'eust vouloir	sinon du Roy seruir	Lemaire 181.

Vgl. Desch. ball. LX 16; CVIII 26: CXIII Refr.; CIX 26; Ball. Chart. I 25; II 32; Villon 202,8; Chans. XXXVII 11; Martial II 19,17; Marot El. XV 85.

b) Der zweite Teil ist nicht ausgeführt:
Ainsi n'ay plus	fors la vois et le corps	Chart. S. 532.
Rien ne m'est seur	que la chose incertaine	Villon 219.

Vgl. dazu Ball. Chart. II 17; Chans. XXXVII 5; Rabelais I 12,$_{21}$; Villon 219,$_{16}$.

Bemerkung 1. Die Einschränkungspartikel kann vor der Cäsur stehen:

Je ne fais f o r s	espandre pleurs et gouttes	Lemaire 8.
... telle brauade N'appartenoit s i n o n	q u ' à sa ville orgueilleuse	Jodelle Cleop. 1 153.
Qui ne tend f o r s	q u e d'honneur t'assouuir	Lemaire 181.

Bemerkung 2. Vor dem zweiten Gliede der Vergleichung steht nach der Cäsur ein Satzteil des ersten, sodass ein Übergreifen des Sinnes statt hat:

Car nuls ne pust	r i e n fors que par sa main	Desch. ball. XIV.
— Rien n'est si dur	e n a m o u r s que reffus	Coquillard I 8.

Vgl. noch: Ball. Chart. III 3; IV 5; Chans. XXII 11; Rec. 1 41,$_6$; VI 11,$_{16}$; Cretin 71,$_{22}$; Lemaire 49,$_{17}$.

Bemerkung 3. Auch hier können die verglichenen Satzglieder sich im ersten Vgl. vereinigt befinden:

N'autre qu'elle	n'amera il pour rien	Chart. fort. 375.
Mais nul sinon Echo,	ne respond à ma voix	Bellay II 171.

Bemerkung 4. Eine ganz abweichende Bildung zeigen folgende Verse:

L'home n'êt rien	que vanité: s o n â g e,	
Ses ans et jours	sont une ombre volage	Baïf 359.

G. Ein von einer Präposition eingeleiteter Infinitivsatz beginnt nach der Cäsur, sei es, dass der regierende Satz vollendet ist, oder sei es, dass der Infinitiv zu Anfang eines nach der Cäsur beginnenden Satzes steht:

α. Je n'ay pas cueur	à tel douleur porter	Chart. S. 533.
Quant fut au poinct	de lire le chapitre	Rabelais I 12.
N'offense le commun	pour aider à toy-mesme!	Ronsard IV 44.
Vis-tu encor	pour trespasser captiue?	Jod. Cleop. II 124.
Je le dirai	devant que m'en aler	Baïf 36.
β. ... que pourroit ...	Dire et conter et sans se mesconter	
	Les grands regretz ...	Collerye 25.
Quant aux Dames,	pour leur brague descripre	
	Leurs chaperons sont ...	Rec. XII 10.

Vgl. Desch. ball. VII 31; XVII 26; Christine-B. 439,$_{85}$; Chart. fort. 323; 326; 351; 423; 588; 659; 748; 948; 1092; nobl. 71; 362; S. 533,$_7$;

12; 18; Plais. 2; Ch. d'Orl. I 3,9; Ball. Chart. I 34; II 21; Villon 134,11;
154,5; 161,6; 148,10; 152,11; 231,14; 254,20; 357,13; Chans. XXII 8;
XXIII 1; XXV 20; XXXVII 15; XLVII 15; LII 7; 15; LXXVIII 5; 11;
LXXXIII 12; CXXXIX 2; Rec. VI 11,17; Martial II 18,5; Cretin 66,10;
70,4; Lemaire 37,9; 45,21; Collerye 25,16; 28,10; 32,4; 37,13; 40,11;
Marot Ep. VI 14: El. VI 31; XIII 64; XVI 53; Ball. XI 16; Rabelais I
12,25; 13,19; 14,20; Ronsard IV 51,22; 52,24; 53,14; 56,7; 58,84; 62,1 etc.;
Jodelle II 88; Cleop. I 115; II 62; 168; Didon III 82; V 8; Baïf 2,6.

Bemerkung 1. Der Infinitivsatz kann auch an der Spitze eines mit Versanfang beginnenden (Haupt- oder Neben-)Satzes stehen:

Pour luy plaire	ne luy en dit pas moins	Chart. fort. 398.
S'à faire mal	eust esté disposé	Martial II 29.

Vgl. Desch. ball. X 33; Chart. fort. 377; Villon 135,8; 204,8; 217,8;
Chans. XXVIII 10; XLV 11; XLIII 14; XLVII 11; LXXXIII 13; XCIII 14;
22; Lemaire 36,24: 45,28; Collerye 27,11; 28,23; 30,4; 36,13; 37,20; 39,16;
Rec. VI 12; 15; 19; Marot Ep. XXVII 27; El. XV 54; Bellay II 129;
Ronsard I 23,12: IV 41,19; 47,15; 49,12; 132,11; 133,6; V 8,82; 14,8;
VI 36,19; 57,18.

Bemerkung 2. Enthält ein Vers mehrere präpositionale Infinitivsätze, so sind dieselben meistens so geordnet, dass je einer oder mehrere ein Vgl. einnehmen:

Pour murmurer	et pour crier tout hault	Collerye 35.
Pour gouverner ta France	et retourner aux cieux	Rons. IV 27.
Sans le blasmer,	attainer ne reprendre	Chart. fort. 965.

Vgl. Chart. fort. 468; S. 533,19; Ch. d'Orl. I 9,25; Villon 204,16;
Chans. XCVIII 27; CXXXVIII 4; Lemaire III 2,16; 41,11; Collerye. 27,7;
25,5; 27,16; 35,8; 41,8; Ronsard VI 49,8; 50,85.

Daher sind abweichend gebildet fg. Verse:

Sans les oyr	en justice, ne faire Droit ou rayson	Martial II 19.
Pour congnoistre	de leur cas, et permettre	„ II 182.

Bemerkung 3. Auch im einzelnen Vgl. können sich mehrere koordinierte Infinitive vorfinden:

	... que nous soyons prestes	
D'aller et de donner	tesmoignage des questes	Jod. Cleop. IV 62.
Et prens plaisir	à la veoir et ouyr	Collerye 25.

Vgl. auch Chans. XXV 8; Marot Ep. LIV 23; Ronsard IV 20,11;
23,22; Jodelle Cleop. II 51.

Bemerkung 4. Vor dem Infinitivsatze kann eine Anrede etc. oder auch ein kleiner parenthetischer Satz sich befinden:

Regarde, Chevalier,   avant que t'esprouver   Ronsard IV 130.
Gardez pour Dieu   (dit elle) d'y toucher   Lemaire 45.

Bemerkung 4. Geht dem präpositionalen Infinitivsatze das ihn regierende Nomen oder Verbum unmittelbar voraus, so kann derselbe auch im Vgl. beginnen:

α. Der Infinitivsatz fängt im ersten Vgl. an und reicht bis Versschluss:

On s'aueugle, pour voir   et gouster les heureuses   Jod. Did. I 82.
Qu'il n'est né que pour prendre, helas! mais quelle proye!   Jod. Did. II 335.

β. Der präpositionale Infinitivsatz beginnt im zweiten Versglied:

Car il ne fault   qu'ung pour mettre la guerre   Martial II 25.
Qu'il n'a point eu   aulcun tort de se plaindre   Marot El IV 60.

Vgl. noch: Chart. mort 92; Marot El. XV 42; XXX 1; Enfer 53; Chart. Plais. 183; Ronsard IV 38,$_{31}$; 62,$_7$.

Daneben begegnen auch Verse, in denen (nach der Cäsur) dem Infinitivsatze ein anderes als das ihn regierende Satzglied vorangeht:

Le tien office   est de me faire grâce   Marot El. V 27.
Esperons donc   ung chascun d'avoir mieulx Chans. CXIV.
De faire aux deus l'arquemie, sans faillir   Villon 254.
L'avis certain   de Themis pour apprendre   Baïf bei Ste-Beuve l. c. p. 88.
Si vous requiers   de bon cueur de m'armer   Collerye 32.
Je suis venu   devers toy pour te faire   Baïf 36.

Bemerkung 5. Zuweilen erscheint der Infinitivsatz von dem regierenden umschlossen:

J'ay pour t'auoir aymé   la hayne rencontrée   Jod. Did. II 181.
Que tu as, sans en rien espargner, et sans crainte
                         ... voulu peiner ... Baïf 293.
Au cueur eusses,   de t'excuser, couleur Villon 195.

Vgl. auch: Desch. ball. XXIX 11; Villon 195; Collerye 30,$_{18}$; Ronsard IV 36,$_{20}$; Jodelle II 86; 88.

Bemerkung 6. Von dem Infinitiv kann ein kleiner Satz abhängig sein:

Je chemine   sans sçauoir ou ie vais   Chart. mort 114.

Bemerkung 7. Selten und auffällig ist es, dass ein präpositionaler Infinitivsatz, der mit Versanfang beginnt, mitten im zweiten Vgl. abbricht:

Pour vivre en paix   et concorde, qu'on corde Guerre   Cretin 216.
Pour commander   au monde j'ay fait naistre
Ce jeune roy   Ronsard IV 135.

H. Dem mit der Cäsur abgeschlossenen regierenden Satze folgt ein Partizipialsatz (a); oder aber derselbe geht einem nach der Cäsur beginnenden Satze voraus (b):

a) Que Jason vit   querant la Toison d'or   Villon 229.
    Si dit ainsi: (les autres se taisans)   Lemaire 29.
b) Me fuit, me suit, me tient, et, en le poursuivant
    .... je ne prend   .... que du vent   Ronsard IV 47.

Vgl. Ball. Chart. I 32; IV 14; Villon 112,$_4$; 107,$_8$; 197,$_8$; 234,$_7$; 357,$_8$; $_{16}$; Chans. XLV 1; Coquillart I 8; Cretin 51,$_{24}$; Lemaire 13,$_{26}$; 24,$_4$; Rec. VI 12; 13; 14; Collerye 30,$_{23}$; 39,$_{11}$; Marot I 98; Ep. I 223; XX 59; XLII 180; LIX 16; Cimet. VII 1; El. II 22; VII 27; Rabelais I 12,$_7$; 14,$_8$; Ronsard IV 16,$_4$; 49,$_{24}$; 52,$_{25}$; 60,$_{25}$; 62,$_4$ etc.; Jodelle II 35; Didon IV 253; Baïf 78,$_{16}$.

Bemerkung 1. Der Partizipialsatz kann auch dem regierenden Satze im ersten Vgl. vorausgehen, sodass die Cäsurpause nach ihm fällt:

En le lisant   ne vous scandalisez   Rabelais I 2.
Un enfant .... Giboyant aux oiseaux,   vit dessus le branchage ....
    Baïf bei Ste-Beuve S. 85.

Vgl. Chans. XXVIII 19; LXIII 4; LXXXVIII 1; CXLII 1; Villon 220,$_1$; Coquillart I 8; Cretin 59,$_8$; Rec. VI 15; Lemaire 6,$_{16}$; 21,$_5$; 27,$_{22}$; Collerye 27,$_8$; $_{12}$; 32,$_9$; 41,$_{11}$; Marot Ep. LIX 25; El. VI 32; Cimet. VIII 13; Ronsard III 208; IV 11,$_{24}$; 19,$_{26}$; 22,$_9$; 23,$_{26}$; 35,$_{17}$; 46,$_{21}$; 50,$_{27}$; 52,$_8$; 51,$_{26}$; 53,$_{21}$; 61,$_{24}$; 142,$_2$ etc.; Jodelle II 379; Cleop. I 172; II 122; 301; III 300; Didon II 118; Baïf 78,$_{16}$; 80,$_{17}$.

Bemerkung 2. Enthält ein Vers zwei koordinierte Partizipialsätze, so fällt die Cäsurpause zwischen beide[1]):

Servant bien Dieu   et vivant sainctement   Martial I 63.

Bemerkung 3. Von dem Partizipium kann ein kleiner Satz abhängen:

Je dy que non,   soustenant que c'est moy   Ronsard IV 136.

Bemerkung 4. Der Partizipialsatz braucht das Vgl. nicht voll einzunehmen:

Que Mars, bien que grondant, se voit pris et desfait   Ronsard IV 19.
Parquoy prendrons   congié disans adieu   Martial II 31.

Vgl. Chart. fort. 395; 646; Villon 228,$_9$; Lemaire 49,$_{18}$; Marot I 94; El. VI 23; Ronsard I 39,$_8$; IV 11,$_5$; 15,$_8$; 15,$_{18}$; 46,$_{25}$; 56,$_8$; Baïf 56,$_7$; 205,$_{19}$.

---

[1]) Eine auffällige Bildung zeigt fg. Vers: (s. auch Bemerkung 5):
Tendant mes nerfs bruslant mon sang, renflant mes veines   Jod. II 120.

Bemerkung 5. Ein Übergreifen des Partizipialsatzes vom ersten zum zweiten Vgl. kommt nur ganz vereinzelt vor:

Et osa se fiant à l'infidelité du peuple, menacer ...
Ronsard IV 17.
Il vaudroit mieux, suiuant un message celeste Jodelle Didon 1 150.

Während wir bis jetzt den der Cäsur vorausgehenden Satz als den übergeordneten annahmen, kommen wir jetzt auf den umgekehrten Fall zu sprechen, d. h. also:

J. auf den dem Nebensatze nach der Cäsur folgenden Nachsatz:

a) Reine Conjunktionalsätze sind sehr selten an den Anfang des Verses gestellt:

Qu'il en fut fait ne sçay; mais ne soit Osé si hardy ... Martial II 193.
Et qu'il soit vray la preuue en est naïue Lemaire 170.
Et qu'ainsi soit, je le dis et soustiens Collerye 30.
Qu'à droit ce soit je leur respons que non Marot Ep. XLII 88.
Et que tout ce qui naist il faut aussi que meure Passerat-D. 274.

b) Sehr häufig stehen adverbiale Konjunktionalsätze am Beginn des Verses; sie kommen dort zahlreicher vor, als alle andern Arten Nebensätze zusammengenommen.

S'autrement fait il n'y pourra durer Desch. ball. LXXIV.
Quant mort sera, vous luy ferez chandeaulx Villon 195.
Puis qu'il luy plaist tu seras embrasée Marot El. XVI 54.
Sans qu'or. m'invite, à toute heure je m'ouffre Ronsard I 58.
Et bien qu'il me soit cher, je le gage pourtant „ IV 16.
Comme il la vit aussitôt fut épris Baïf 81.
Pour ce que je l'ayme m'en suys habillée Chans. V 18.

Vgl. Desch. ball. LXXVI 11; LXXVII 3; LXXXVII 13; CXVI 17; XCIII 24; CXXII 5; CLXIII 15; CLXXXI 14; Chart. fort. 840; nobl. 73; 428; Ch. d'Orl. I 7,$_{31}$; 8,$_6$; 95,$_{88}$; II 235,$_{22}$; Villon 161,$_5$: 161,$_8$: 194,$_{15}$; 226,$_{11}$: 228,$_{13}$; Chans. XXI 25; XXII 5; XXIII 17; XXV 13; XXX 6; LXXI 2; 4; 6; 14: LXXVIII 14; 18; 21; LXXXI 15; CXXIV 22; CXXIX 9; Martial II 23,$_{14}$; 184,$_{27}$; Lemaire 20,$_9$; 169,$_{11}$; 171,$_6$; Collerye 33,$_{14}$; 40,$_2$; Marot Ep. XXV 20; XLII 167; Enfer 240; 253; El. VI 5—6; V 26; XV 95; Bellay II 18; Ronsard I 32,$_4$; IV 44,$_8$: 47,$_4$; 48,$_{86}$; 60,$_{20}$; 51,$_{86}$; 55,$_{24}$; 56,$_{28}$ etc.; Jodelle Eug. Prol. 17; Didon II 391; Baïf 37,$_{26}$.

Anmerkung. Zuweilen fehlt dem adverbialen Nebensatze die Konjunktion:

Ne fust ce dueil les voir m'estoit soulas Cretin 57.
Fust-il moindre qe toy ne sois jamais moqueur Ronsard IV 42.

c) Vor der Cäsur steht ein einfacher oder verallgemeinernder Relativ- oder Lokativsatz:

Car cil qui sert	plus tost muert et desvie	Desch. ball. CXXXII.
Ce que je vueil	me vient tout autrement	Ball. Chart. I 7.
Car où l'on brait;	ilz fuyent à monceaux	Villon 199.
Quant est du corps	il gist soubz tristre lame	Cretin 70.
Qui tant plus luyt	plustost se casse et brise	Marot El. I 142.
Quiconques rompt la foy	encourt des grands dieux l'ire	Jod. Did. II 561.

Vgl. Desch. ball. XXVIII 13; LXXV 23; CXXXIX 8; CLIII 9; CLVI 12; CLXXVII 9; CCCV 47; Chart. fort. 217; 962; Ball. Chart. II 23; Villon 150,₈; Chans. LV 15; XCVIII 33; CIII 1; Farces 278,₉; Martial II 29,₆; 181,₉; 184,₂; Lemaire 13,₂₃; 40,₁₂; 161; 182,₁₃; 401,₁₁; Collerye 25,₁₅; Marot I 95; Ep. XIV 238; Ronsard IV 50,₉; 132,₁₈; Baïf 352,₈; bei D.-H., morceaux, p. 243,₁₇.

d) Dem regierenden Satze geht ein indirekter Fragesatz im ersten Vgl. voraus:

Quest ce de bien	ie ne puis le sauoir	Ball. Chart. I 3.
Qui sera roy	entr'eulx est grand desbat	Ch. d'Orl. I 114.
Se je dy vray	on l'ha peu pieça voir	Cretin 53.
Où l'ame va	je n'en sçaurois juger	Collerye 165.
Quelque home que prenions	pour vray c'est peu de chose	Baïf 332.

Bemerkung 1. Nur selten begegnen Verse, in denen der Nachsatz beginnt:

α. im ersten Vgl.:

Où tu es, le printemps	ne perd point sa verdure	Rons. IV 21.
Où tout rit, de chagrin	mon triste cœur se mange	Baïf 176.
Quant à moy, pour le prix	je te mets une cage	Rons. IV 60.

Anmerkung. In beiden Hemistichen stehen je ein adverbialer Nebensatz und ein (beziehungsweise koordiniertes) Satzglied:

Par elle[1] le paisant....	cognoist.... quel temps c'est qu'il doit faire	
S'il est rouge, le vent;	s'il est blesme, de l'eau	Baïf 10.

β. im zweiten Vgl.:

Princes, qui a	ces .IIII., or le retien	Desch. ball. I 21.
Ceux qui veulent	son mal, a luy affuyent	Chart. fort. 938.
...quant Nature me fist	En ce monde venir, elle me mist...	Ch. d'Orl. I 1.
Mais lors que l'esprit sent	deux contraires, il doit	
Choisir celuy que		Jod. Did. II 237.

---

[1] La lune.

Quoy que ie couure ou monstre amour, iamais n'appaise...
Jodelle bei Fehse S. 217.

Vgl. Desch. ball. XVII 22; LXXVI 20; CLIII 10; CLXXIII 15; Chart. S. 533,₂₇; 534,₁₈; Lemaire 109,₆; Marot I 113; Ep. XIII 73; L 67; XXV 24; El. X 20; Rec. VI 141,₁₄; Collerye 33,₁₉; Ronsard VI 56,₂ Angoul.-D. 194,₂₅; Jodelle Didon I 41; II 244; Baïf 82,₂₇.

Bemerkung 2. Gehen dem Nachsatze zwei koordinierte derartige Sätze vorher, so werden sie durch die Cäsur getrennt:

Cilz qui bien scet et mal fait, se deçoit Descb. ball. CCCXVII.
Quant il escart ou tonne, on crie: en la! „ „ LXXVII.
Ce qui en est et qu'on en voit, m'accuse De telle faute Marot El. X.

Bemerkung 3. Von dem dem Nachsatze vorangehenden Nebensatze kann ein anderer Nebensatz abhängig sein:

S'on dit qu'il soit laschement mort, on ment Cretin 68.

Bemerkung 4. Der dem Nachsatze voraufgehende Satz beginnt erst nach der Cäsur:

N'y touche point: qui les touche, il s'alume Baïf 56.

Bemerkung 5. Dem Nachsatze kann (vor oder nach der Cäsur) eine Anrede oder ein kleiner parenthetischer Satz vorausgehen:

Quiconque sois, cruel, ne nous menace plus! Ronsard V 51.
Se nous clamons, frères, pas n'en devez Avoir desdaing Vill. 201.
Quiconques sois (dit-il) approche-toy, garçon Ronsard V 52.
Si ie demeure icy, helas, ie perds mon temps Bellay II 183.

Vgl. noch Marot Ep. XLII 167; Ronsard V 45,₂₀.

Bemerkung 6. Der Nachsatz kann aus einem Haupt- und einem subordinierten Nebensatze bestehen:

Qui mieulx me dit c'est cil qui plus m'attaine Villon 220.
Et qui me nuyst, croy qu'il m'aide à povoir „ 220.
Qui fuit les siens est digne qu'on le nomme Un monstre fier Rons. IV 140.

Vgl. Desch. ball. LXXVI 15; Chart. nobl. 291; Marot Enfer 412; Ronsard I 79; Jodelle Cleop. III 83.[1]

---

[1] Zuweilen beginnt der Vordersatz schon vor Anfang des Verses, in in welchem der Nachsatz sich befindet:

... quand pourtraire voudroit
Bel homme au vif je croy qu'il le prendroit Cretin 54.
... quand Marot m'escrivoit Ces vers icy, à Ferrare vivoit Marot Ep. [LVI 64.
..... lors que..... fut ma troupe aduertie
Du malheur qui nous suit, vit-on que ie changeasse.. Jod. Did. I 359.

Bemerkung 7. Ausser den bisher angeführten Fällen kommt es nicht selten vor, dass am Beginn des Verses Nebensätze stehen; und zwar solche, die entweder den Hauptsatz unterbrechen (a), oder ihm folgen (β):

a. ... sans l'ire enflammée
Qui m'aigrist et soustient on me verroit pasmée Didon II 396.
Je tourne et change... Ce que je veux et puis je le refais Rons. IV.
... organisé le mieulx
Que peult homme estre ouvrez luy les saints lieux Cretin 61.
... et nul ne peut sçavoir
Si ce n'est moy, la peine que je porte Ronsard I 101.
... surpris de crainte [D. 239.
Qu'il n'en froissast quelqu'un je me courrouce à luy Belleau-
... et courtise ceux-là
Qui ne font cas de luy, il brusle d'auarice Bellay II 202.

Vgl. Chans. LV 6; Martial I 70,$_{13}$; Lemaire 48,$_{23}$; Marot El. VI 36; Ronsard IV 42,$_{15}$; Jodelle Cleop. I 70; Baïf 77,$_{11}$.

Sehr selten kommt es bei derartig an die Spitze des Verses gestellten Sätzen vor, dass sie über die Cäsur hinausreichen:

... ouquel le roi Loys Qu'est à présent douzième, succéda Rec. VI 162.
...... maintindrent
Que confisquez estoient, et le soustindrent Martial II 178.

β. ... un rondeau je compose
Que luy transmets; mais en pou de langage Me respond.... Vill. 358.
... que irrevoquablemant M'avez donné? Ou est semblablement
La blanche main qui... Marot El. VII 14.
... qu'on me donne... une fréche couronne
Dont j'honore ton chef! Il m'aprist vos regrets Baïf 4.
... de quoy l'âge
Abolist la memoire. Il chanta: le boccage Retentit Baïf 211.

Vgl. Villon 162,$_5$; 253,$_6$; Cretin 72,$_{13}$; Collerye 39,$_{20}$; Marot Egl. II 170; Ep. X 12; XXVIII 28; XXXVII 11; XLII 43; El. XVI 45; Jod. Eug. Prol. 66; 74; Baïf; 60,$_7$; 71,$_{14}$.

II. Verhältnis der Satzglieder zur Cäsur.

Während wir uns bisher mit Versen beschäftigten, in denen durch die Cäsur eine Gliederung von Sätzen bewirkt wurde, wenden wir uns nunmehr zur Besprechung der Pausen, welche entstehen, wenn die Cäsur zwischen einzelne Satzglieder tritt. Hier kommen zunächst in Betracht:

I) invertierte Satzteile.

Es tritt nach denselben zum besseren Verständnis stets eine Pause ein, denn durch die Inversion wird immer der Zusammenhang syntaktisch eng verbundener Satzglieder gelockert[1]). — So finden wir denn auch, dass derartige Satzteile, falls der Satz mit Versanfang beginnt, in den meisten Fällen das erste Vgl. einnehmen; so

A. das nähere Objekt:

Et les autres	devroit laissier aler	Desch. ball. XX.
Le nombre d'or	retirent hors de France	Rec. VI 15.
Avant qu'un mort	à mon gré sceusse mettre	Marot El. I 2.
Qui le foudre et l'horreur	sur ceste race porte	Jodelle Didon V 98.

Vgl. Desch. ball. XIII 24; XIV 17; XLV 2; Chart. fort. 403; 966; 1014; 1109; Ch. d'Orl. I 3,$_8$; Villon 110,$_7$; 227,$_{14}$; Chans. V 19; XXXVIII 8; LIX 7; Rec. VI 19,$_2$; Coquillard I 8; Martial I 63,$_2$; 16; Cretin 56,$_8$; Collerye 37,6; Marot I 72; 86; Ep. XLIII 10; El. I 164; Rabelais I 2,$_8$; Bellay I 136; Jodelle Eug. Prol. 31; Did. II 370; 543; Baïf 5,$_8$; 98,$_{20}$.

Bemerkung 1. Zuweilen wird das invertierte nähere Objekt im zweiten Vgl. durch ein Pronomen wieder aufgenommen:

La recompense	vous la perdrez de moy	Chans. LXV 6.

Bemerkung 2. Zu dem Objekt kann eine Anrede treten:

Vostre enfer, Dieu d'enfer;	pour mon bien je desire	Jod. Did. IV 415.

Bemerkung 3. Daneben findet man häufig kurze Adverbien zur Füllung des ersten Versgliedes verwandt:

Plustost la mer	ou voirra dessalée Que ...	Marot El. XV 36.
Ou bien si ta douceur	à l'œil ie me presente	Jodelle Didon I 291.

Vgl. dazu Marot El. X 10; Jodelle Cleop. IV 153; Didon II 51 Villon 204,$_{17}$.

Aber auffällig, weil selten ist fg. Versform, bei welcher das Subjekt zu dem invertierten näheren Objekt im ersten Vgl. tritt:

Le faux, le vray, sa fille	aux oreilles apporte	Jodelle Didon IV 272.

B. Auch das entferntere Objekt nimmt in invertierter Stellung zu Beginn des Satzes das erste Vgl. voll ein:

Mais aux dames	ne me vueil comparer	Chart. Plais. 9.
De nostre mal	personne ne s'en rie	Villon 201,$_4$.

---

[1]) Tobler, a. a. O. S. 102.

Vgl. Christine-B. 439,$_{19}$; Desch. ball. III 9; Chart. fort. 522; 753; nobl. 180; Ch. d'Orl. II 242,$_{20}$; Villon 7,$_5$; 230,$_1$; 236,$_6$; Ball. Chart. IV 6; Chans. LXXX 14; Marot I 117; El. IV 65; Ronsard I 27.

C. Ähnlich verhält es sich mit der von der Präposition *de* begleiteten adnominalen Bestimmung, die ihrem Beziehungsworte im ersten Vgl. vorangeht:

| De tous païs | le plus mauvais pueple a | Desch. ball. XVI. |
| Qui de telz cas | ont fait ample mention | Rec. VI 10. |

Vgl. Desch. ball. XII 32; XLIV 27; LXXXVI 2; Ball. Chart. II 23; Villon 230,$_{10}$; 232,$_{17}$; Rec. VI 14; 16,$_{20}$; Cretin 58,$_{24}$; 60,$_5$; Marot I 85; 112; El. I 46; Collerye 42,$_{18}$; 261,$_{13}$ fg.; 263,$_7$ fg.; Jodelle Didon I 32; II 193; Baïf 9,$_{13}$; 10,$_{14}$; 11,$_{11}$; 17,$_{30}$.

E. Auch die invertierte Umstandsbestimmung nimmt sehr häufig das ganze erste Vgl. ein:

a) ein Adverb:

Encor hier	sa puissance j'atteste	Ronsard III 67.
Mais non obstant	si ne pretens-je pas	Rec. VI 11.
Courtoysement	se mist en mylieu d'eux	Rabelais I 14.

Vgl. noch Villon 358,$_1$; Chans. XXX 8; LVIII 8; LXIII 16; LXV 3; Rec. VI 15,$_{29}$; 16,$_6$; Martial I 63,$_9$; Marot El. I 8; XX 66; Rabelais I 14,$_{15}$; 14,$_{18}$; Ronsard I 88,$_{27}$.

b) präpositionaler Ausdruck, zusammengesetzt:

α. mit *en*:

| En ses bougeaulx | verse eau à gros bouillon | Villon 198. |
| Qui en nostre art | estes le plus experts | Cretin 69. |

Vgl. Chart. fort. 719; 1034; 1072; nobl. 81; 166; 216; S. 532,$_3$; Villon 105,$_{12}$; 146,$_2$; 198,$_{12}$; 203,$_4$; 219,$_6$; 227,$_{12}$; 15; Chans. XXV 11; LV 24; XLIII 1; LXV 10; Marot I 88; 90; Cupidon 506; El. I 3; 124; Collerye 246; Rabelais I 13,$_{11}$; 23,$_{13}$; Ronsard I 12,$_{25}$.

β. mit *pour*:

| Et si pour moy | à raison tu n'es mis | Marot Ep. X 34. |

Vgl. Christine-B. 439,$_8$; Desch. ball. XX 10; Chart. reg. VI 28; Ball. Chart. II 3; Villon 161,$_4$; 228,$_{14}$; Chans. LXXXVIII 3; Rabelais I 15; Baïf 344,$_{12}$.

γ. mit *par*:

| Que par dame | avoit esté prié | Coquillart I 8. |

Vgl. Desch. ball. XXXVI 14; LVII 9; Chart. fort. 87; 614; nobl. 217; Ball. Chart. IV 32; Villon 162,$_3$; 227,$_6$; Chans. X 15; XLV 12; LXIII 3; C 10; CXIV 1; Rec. VI 15,$_{14}$; Coquillart I 13; 15; Marot I 80; 82; Ep. XXXV 50; Jodelle Cleop. 143.

δ. mit *de*:

De double dueil   estes vestue et ceinte   Cretin 70.

Vgl. Chart. reg. II 8; fort. 125; 885; ball. II 21; Villon 198,$_2$; 217,$_{13}$; 231,$_7$; Chans. XXVIII 18; XXVII 17; LII 21; 23; LXXXII 2; CXXIV 7; Rec. VI 13; Cretin 63,$_{10}$; Marot Egl. II 93; Ep. XLIII 18; El. XX 94; Collerye 38,$_{15}$; 41,$_{13}$; Rabelais I 12,$_6$; 13,$_9$; 14,$_{12}$; Jodelle Cleop. IV 121.

ε. mit andern Präpositionen zusammengesetzte Ausdrücke, so mit: *apres, avant, avec, dessus, devers, dedans, lez, parmi, sans, sus* etc.:

Devers elle	bonne entree luy donnent	Chart. fort. 455.
Tant qu'à peine	me suis-je reuenu	„ ball. IV 10.
Sans vilenie	en moy prins ton plaisir	Marot El. I 46.

Vgl. Chart. fort. 116; 632; nobl. 381; Villon 152,$_5$; 161,$_{12}$; 162,$_6$; 227,$_7$; 218,$_5$; 219,$_7$; 254,$_{17}$; 357,$_9$; Chans. VI 9; XXIII 15; XXXVIII 7; LXV 5; LXXXI 12; CIII 10; Rec. VI 15,$_{11}$; Martial I 62,$_{22}$; II 21,$_{19}$; Coquillart I 14,$_2$; 14,$_7$; 14,$_{17}$; Cretin 38,$_{12}$; Collerye 252; 282; Marot I 93; Enfer 47; Ep. I 72; XIII 132; LV 58—59; LVI 22; El. I 12; XX 84; Rabelais I 14,$_4$; 14,$_{10}$; Ronsard I 12,$_{20}$; 22; 25,$_{27}$; Baïf 11,$_{18}$.

c) ein Akkusativ der Zeit, des Raumes etc. steht vor der Cäsur:

Car ce jourd'huy	il me convient aller	Marot I 106.
Qui nuit et jour	lassera son cerveau	Rec. VI 15.
Le ciel mouillé,	il entre en grand plaisir	Marot Ep. XLVIII 15.

Vgl. dazu Villon 135,$_8$; 161,$_{11}$; 201,$_{20}$; 218,$_7$; 227,$_{17}$; 357,$_4$; 357,$_{17}$; Chans. LXXX 2; CXXIX 12; Marot Egl. II 151; Ep. III 73; Rabelais I 13,$_{14}$; 13,$_{27}$; 14,$_{17}$.

Bemerkung 1. Die invertierten Satzteile bestehen zuweilen aus zwei oder mehreren koordinierten Gliedern:

D'or ou d'argent	n'heurent jamais finance	Rec. VI 16.
Assez, assez	le poëte a peu voir	Jod. Eug. Prol. 1.

Vgl. auch Villon 201,$_{20}$; Chans. LIV 2; Rec. VI 15,$_{15}$.

Bemerkung 2. Vor dem betreffenden Satzgliede kann eine Anrede sich befinden:

Prince, tousjours	ne vueillez m'escondire	Villon 204.
Prince en Flandre	voy longuement chanter	Desch. ball. XIX.

Bemerkung 3. Auch mehrere nicht koordinierte adverbiale Bestimmungen können im ersten Vgl. vereinigt sein:

Ne iamais d'elle	approcher ne pourra	Chart. fort. 1048.
Jamès d'amoureux couart	n'orrez bien dire	Chans. LXXXVIII.

| D'habitz pour vray | avoit le corps vestu | Marot I 110. |
| L'autre hyer a l'aventure | j'acointay ung amy | Chans. CXVII 2. |

Vgl. Villon 201,$_{21}$; Chans. LV 12; Marot Enfer 47; Jod. Did. II 332.

2) Die Cäsurpause fällt nach resp. vor Satzgliedern, die sich in regelmässiger Stellung befinden:

A. Vor der Cäsur steht das Subjekt:

Convoitise	tout ce monde desvoie	Desch. ball. XXI.
Le don receu	oblige le prenant	Chart. nobl. 333.
Et que la mort	mest rude et aduree	Ball. Chart. 1.
Quand Saturne	me feit mon fardelet	Villon 195.
Car ung seul Duc	si nous a conquesté	Martial I 73.
Puis qu'amytié	a causé l'entreprise	Marot Ep. LIX 64.
Pour ce que rire	est le propre de l'homme	Rabelais I 2.
L'onde à grand flot	rent la flamme inutile	Bellay I 103.
Tes beaux sermons rompus	rompront aussi ton heur	Jod. Did. II 61.
Les filles de Juda	la nouvelle ont ouïe	Baïf 352.

Vgl. Desch. ball. VI 11; VII 12; X 3; XII 19; XIII 17; XIV 2; XVIII 21; XIX 4; XX 7; XXI 4 etc; Chart. fort. 155; 165; 283; 373; 572; 583; 707 etc.; nobl. 6; 55; 110; 165; 167; 343; 349; 389; mort 55; 63; 114; ball. III 1; reg. VI 31; Ball. Chart. II 1; 10 Refr.; 26; IV 3, 18; Villon 201,$_{9, 12}$; 218,$_1$; 232,$_8$; 236,$_{18}$ etc.; Rec. IV 53,$_1$; VI 19,$_5$; Martial I 62,$_{30}$; 70,$_{35}$; II 17,$_1$; 19,$_{31}$; 29,$_9$; Coquillart I 21,$_2$; Cretin 53,$_{11}$; Lemaire 61,$_{19}$; Marot Enfer 31; I 93; 107; 123; Egl. 1 15; II 150; Ep. I 6; XXIV 6; El. II 64; 70; XI 10; XIX 63; Cimet. VII 21; Chans. XXVIII 7; XLIII 7; XLV 6; 14; LII 10; 26; LVIII 3—4; LXXXI 5 fg.; LXXXIII 7; LXXXIV 1; XCVIII 18; 29; CIII 6; CXIV 3; CXXIV 11; Rabelais I 14,$_1$; Bellay II 114; 145; Ronsard I 37; IV 14,$_1$; Jod. Cleop. I 206; Didon II 160; Baïf 8,$_{15}$; 15,$_{26}$; 25,$_4$; 250,$_{16}$; 250,$_{18}$; 331,$_{16}$; Jodelle II 291.

Bemerkung 1. Zu dem Subjekt kann treten:

a. eine Umstandsbestimmung:

Alors desir	vient logier es forbours	Ball. Chart. IV 13.
Ce fait, chacun	s'en alla pour ce jour	Rec. IV 149.
Las non cela	redoubleroit mon dueil	Cretin 69.
Pendant que l'ame au Ciel	iouit d'vn doux repos	Jodelle II 290.
Et chacun à son tour	a le jour et la nuit	Baïf 10,$_{30}$

Vgl. Chart. fort. 205; œuvres 533,$_1$; Chans. LII 11; Rec. VI 16,$_9$; Marot Enfer 57 fg.; Ep. XIV 86; Jodelle Cleop. I 59; II 290; Baïf 10,$_3$; 354,$_{25}$.

β. zuweilen eine andere Erweiterung:

| Le temps (pour vray) | efface toutes choses; | Marot El. XIII 47. |
| Mais sa main fiere, à moy, | ma force m'a ravie | Baïf 136. |

Bemerkung 2. Ist das Subjekt ein Personalpronomen, so muss dasselbe eine nähere Bestimmung (auch parenthetischen Satz) bei sich haben; es steht dann gewöhnlich nicht unmittelbar vor der Cäsur:

Et vous mon corps,	ou vil estes et pire ...	Villon 204.
Mais vous amye	avez en corps de dame Un cueur viril	Marot El. XIX 83.
Et nous, les os,	devenons cendre et pouldre	Villon 201.
Car vous sans moy	estes tous enfans d'ire	Marot I 76.
Je (disoit-il)	sens le fond de ma mitre	Rabelais I 12.

Ganz vereinzelt finden sich indessen auch Verse, in denen das Personalpronomen bei unmittelbar fg. Verbum in der Cäsur steht; die Cäsurpause ist in diesem Falle natürlich nur äusserst schwach; und derartig gebildete Verse sind es denn auch gewesen, die den aufstrebenden Dichtern des XVI. Jh. zuerst wieder den Gedanken nahe legten, mit der rhythmischen Gliederung des Verses zugleich eine syntaktische Hand in Hand gehen zu lassen. Deshalb zitiert Dubellay, um ein möglichst deutliches Beispiel für das zu meidende Übergreifen des Sinnes vom ersten zum zweiten Vgl. zu geben, in seiner „*deffence*" einen solchen Vers (éd. Marty-Laveaux I 52; vgl. oben im historischen Überblick):

Des long temps je	lay arrouse de plours	Ball. Chart. III 11.
Pourveu que tu	leur veuilles collorer	Rec. II 186.
Mais puis que tu	te mets en ce danger	Lemaire 51.
Par lequel tu	me semons et me poins	„ 71.

Hierbei führen wir gleich noch einige ähnliche Fälle an, in denen zu Anfang des ersten Vgl. der kurze regierende Satz steht:

Je doubte qu'il	me mette en assessoire	Rec. II 171.
Si est-ce qu'il	vauldroit tousjours autant	„ II 177.

Mit Ausnahme des letzten Beispiels steht übrigens (wie auch in dem Zitat Dubellays) jedesmal (nach der Cäsur) vor dem Verbum ein anderes Personalpronomen, ein Zeichen, dass man doch die Absicht hatte, eine kleine Pause hervorzurufen, um die Härte etwas zu mildern.

Bemerkung 3. Das absolut vorangestellte, das erste Vgl. füllende Subjekt wird im zweiten Vgl. durch ein Pronomen wieder aufgenommen:

Et Hannibal, demourra-il derrière Villon 227.
N'ous autres journaliers, nous perdons la memoire Ronsard V 19.

Bemerkung 4. Das im ersten Vgl. befindliche Substantiv ist das logische Subjekt des fg. Satzes:

Car tout leur fait ce n'est que tromperye Chans. XXXVIII.
Plourer a part cest mon ennie commune Ball. Chart. I 14.

Bemerkung 5. Häufig finden sich vor der Cäsur zwei oder mehrere Subjekte:

Ans, moys et iours, certes ne sont pas rentes Cretin 71.
Plaindre et plorer sont mes ieulx et mõ aise Chart 533,$_{22}$.

Vgl. Desch. ball. XXXIX 18; Ball. Chart. I 15; IV 30; Villon 201,$_{18}$; 220,$_{12}$; Chans. V 15; Martial II 17,$_{23}$; Coquillart I 9; Cretin 57,$_{80}$; Ronsard I 25,$_{13}$; 54,$_{84}$; Baïf 26,$_{18}$; 359,$_{19}$.

Auch wenn das Subjekt invertiert im zweiten Vgl. steht, nimmt es dasselbe gewöhnlich voll ein, doch können in diesem Falle die verschiedenartigsten Satzteile zu dem Subjekt treten:

α. Im zweiten Vgl. steht das Subjekt mit Ergänzungen:

Ainsi que fut Nabugodonozor Villon 229.
Dont sont sacrez trestous les Roys de France Martial I 62.
De quoy te sert la bouche tant fermée Marot Enfer 251.
Laissez vous ha le bon patron Marcus Lemaire 401.
S'eslevera l'aage d'or pur et monde Marot Egl. I 24.

Vgl. Chart. fort. 252; Ball. Chart. I 11; Ch. d'Orl. I 3,$_{21}$; Villon 203,$_{13}$; 237,$_{8}$; Chans. XLIII 13; CXV 25; Rec. VI 115; Martial I 70,$_{7}$; II 21,$_{1}$; 181,$_{28}$; Coquillart I 21; Cretin 61,$_{13}$; Lemaire 13,$_{81}$; Marot Enf. 212; 382; Egl. II 142; Ep. XXV 12; El. I 23; VII 6; X 19; Rabelais I 12,$_{14}$; 15,$_{7}$; 15,$_{20}$; Bellay II 121; Ronsard I 37,$_{12}$; 94,$_{5}$; 101,$_{1}$; Jod. Didon I 250; III 368.

β. es treten andere Satzteile zu dem Subjekt:

Ne cessoient tous de plourer ainsi Desch. ball. XIII.
Par ce sçara chascun ceste naissance „ „ LV.
Doit bien aimer un seigneur son servant? „ „ LXIX.
Tant est remply chascun d'imperfection Rec. VI 18.
Et luy croissent tousiours nouuelles doubtes Chart. fort. 906.
Point n'y avoit en tant de lieux truaige Martial II 18.
Par luy sont mis es Flamans en servaige Chans. C 7.
La me tira douls regars mainte vire Ball. Chart. IV 17.
 En memoire me tombe
Ce qu'un jour nous disoit mon pere sur la tombe Jod. Didon I 76.
De Judas vient ce pueple, son train Tiennent Desch. ball. XVI.

Bemerkung 1. Zuweilen besteht das nachgestellte Subjekt aus zwei oder mehreren koordinierten Teilen:

Et s'en allerent   luy et tous ses gens sains   Martial II 196.
Aussi fut prins   maint roy, maint duc et conte   Marot El. I 97.

Vgl. Desch. ball. XVIII 11; Ball. Chart. IV 25; Martial II 19,85; Lemaire 161,1; Marot Egl. II 112; Jod. Cleop. III 165; Didon II 574.

Bemerkung 2. Der im zweiten Vgl. befindliche Satzteil ist manchmal das logische Subjekt des vorhergehenden Satzes:

Cest pour mon cuer   amere soustenance   Ball. Chart. III 16.
Il n'y aura   grans, petis, ne greigneurs Coquillart I 14.
Et qu'il y a   assez de diuers tours   Chart. fort. 29.
Dame, il n'y a   parente ne commere   Cretin 55.

B. Die Cäsur fällt vor das nähere Objekt:

Que luy faciez   quelque gracieux prest   Villon 217.
Mais je querray   la belle au cler visaige Chans. XLV.
Je tascherois vangers les ruines des miens   Jod. Didon II 298.

Vgl. Desch. ball. XXII 17; Chart. S. 532,17; 20; fort. 107; 159; 474; 558; nobl. 170; 388; mort 126; Ball. Chart. I 2: 19; 22; 26; III 19; Villon 203,8; 227,20; 235,4; Chans. V 14; XLV 7; XLVII 35; XLVIII 8; LII 14; LIV 1; LVIII 9 fg.; CVI 14; CXV 12; Martial I 70,11; Cretin 52,15; Lemaire 160,27; Marot Cupidon 102; El. VII 3; XVIII 56; Ep. IX 53; XX 73; XXVII 13; L 7; Rec. VI 7; 11; 12; 14; 17,5; Rabelais I 13,18; 13,81; 14,11; 14,14; 23; 15,29; Jod. Cleop. I 158; 193; Didon II 283; III 116; Baïf 4,29; 15,80; 79,21; Psalm XCIII 3.

Bemerkung 1. Dem näheren Objekt kann nach der Cäsur eine Anrede vorausgehen:

Sy de vous n'ay,   belle, aulcun reconfort   Chans. LIV 3.

Bemerkung 2. Dem näheren Objekt folgt eine prädikative Bestimmung, oder geht ihm voran:

Or ma monstre   la mort dure et cruelle   Ball. Chart. II 29.
Si vous n'avez   tousjours bourse desclose Villon 358.
Mais il trouua   ses costes trop durettes Lemaire 39.
Je nommeray   heureuse la personne   Marot I 92.

Bemerkung 3. Sehr häufig ist der Fall, dass das nähere Objekt aus zwei oder mehreren koordinierten Teilen besteht:

a. Sans espargnier   ne beaute ne pecune   Ball. Chart. I 30.
Impetrez-moy   graces et royaulx seaulx Villon 198,15.
Ha pourroy-ie oublier ma gloire et pompe vaine Jodelle Cleop. I 136.

Vgl. Christine-B. 439,14; Desch. ball. XIX 13; LI 15; LXVI 12;

Chart. fort. 74; 268; 290 fg.; 617; 654; 802; nobl. 421; 437; S 532,$_{13}$;
Ball. Chart. I 28; II 6; IV 9; 39; Villon 201,$_{19}$; 217,$_5$; Martial I 65,$_1$;
II 18,$_{21}$; Rec. VI 12; 17,$_7$; $_{16}$; Cretin 70,$_{15}$; Lemaire 8,$_5$; Marot I 72;
Egl. II 219; Ep. III 50; IX 16; XIII 43; Chans. XXXVII 2; XLV 4;
LII 27; LIX 5; LXIII 10; LXV 2; CXXIX 18; Collerye 32,$_{29}$; 33,$_9$;
42,$_0$; Jodelle Cleop. II 290; III 63; Didon V 130; Rabelais I 2,$_5$.

β. Mais despita   chatz, chates et chatons   Marot Ep. XI 37.
Vgl. Desch. ball. LXXVIII 25; CXVII 26; Chart. fort. 54; 63; Villon
227,$_{10}$; Chans. X 9; Cretin 53,$_{14}$; Marot Ep. IX 38; XII 82; El. I 129
fg.; 135; XXII 26; Jodelle Didon IV 267.

Bemerkung 4. Nicht selten kommmt es vor, dass Redensarten, welche für die moderne Auffassung einen einheitlichen Begriff ausmachen, in unserer Zeit noch durch die Cäsur zerlegt wurden:

Vueillez avoir	pitié de ma tristesse	Ch. d'Orl. I 9.
Et les biens font	grace au cœur delivrer	Marot Cupidon 212.
Je rens, ie rens	grace à ta maiesté	Jod. Cleop. III 194.
Dont je te rends	graces tres immortelles	Marot Ep. XLII 38.
Et ne tiennent	compte de l'esperit	Desch ball. CXV 3.
Que je ne tins	compte de tous ses mors	Ch. d'Orl. I 9.
Puis nous eu feit	présent pour son plaisir	Marot Egl. II 157.
Et si mettre	paine de desservir	Ch. d'Orl I 10.
Dieu en aura	plustost de vous merciz	Villon 200.
Il n'a de moy	en brief temps pitié	Collerye 47.

Zu dem näheren Objekt können nach der Cäsur die verschiedensten Satzteile treten:

a) das entferntere Objekt:

Fors de monstrer	maulvais exemple aux gens	Rec. VI 14.
Si ie tenois moy-mesme	à mon soncy le frein	Jod. Didon II 293.

Vgl. Chart. fort. 470; Ball. Chart. I 26; Villon 230,$_{11}$; Jodelle Cleop. I 127.

b) eine adverbiale Bestimmung:

α. Adverb:

Qui n'ort entr' eulx	riens commun bonnement	Martial II 20.

Vgl. Chart. fort. 1022; nobl. 207; mort 166; Ball. Chart. I 27;
Christine-B. 439,$_6$; Villon 217,$_{16}$; Rec. VI 11,$_{15}$; 13,$_{11}$; 19,$_{18}$; Martial
II 30,$_{14}$; Marot Ep. XVI 6; L 20; Rabelais I 14,$_{21}$.

β. präpositioneller Ausdruck:

D'en retirer	la plus grand part cheux eulx	Rec. VI 15.
Ma vie fait	en moy trop long demeure	Chart. S. 536,$_{34}$.

Vgl. Desch. ball. XXII Refr.; Chart. fort. 197; 311; 917; 1077; 1197;

Ball. Chart. I Refr.; I 16; II 7; 34; Villon 227,4; 16; 357,6; Chans. XLV 10; LII 6; 30; Rec. VI 17,13; Martial 1 62,10; II 26,25; 32,10; Marot I 72; 105; Ep. LII 117; LV 16; El. IX 36; Jodelle II 247; 252; Baïf 250,12.

γ. Akkusativ der Zeit, etc.:

N'y conquerront	avoir, jour de leur vie	Desch. ball. LXXIV 22;
Et s'il trouue	quelque fois la saison	Chart. fort. 465.

Vgl. Desch. ball. XIV 27; Ch. d'Orl. I 2,82.

c) adnominale Bestimmung mit Präposition:

Si ne faisois	de tout mention expresse	Rec. VI 11.

Vgl. dazu Desch. ball. X 19; XXXII Refr.; Rec. VI 12; Chans. LXXXIII 1.

C. Die Cäsur fällt vor das entferntere Objekt:

Dont je renonce	à ton esbatement	Chart mort 164.
Que respondras	à ceste conséquence?	Villon 195.
En lieu d'ayder	aux pauvres indigens	Rec. VI 14.
Telz vous plaira	à vous trèshaulte dame	Marot Ep. II 189.
Que diriez vous	du tort fait au Rommains...?	Jodelle Cleop. III 171.

Vgl. Desch. ball. XII 1; XLIX 15; Ball. Chart II 8; Villon 7,8; 219,12 (Refr.); Chans. XXXVIII 1; XLVII 40; LXXXIII 9; C 1; Rec. VI 16,4; Martial 1 72,23; Cretin 66,19; Marot Ep. I 104; LIV 26; XL 8; Chart. fort. 870; mort 162; Paix 5; Rabelais I 14,82; 13,16; Bellay II 171; Ronsard IV 33,8; Jodelle Didon II 195; Baïf 183,16.

Auch hier können mehrere Objekte im Vgl. sich vorfinden:

Quant ils seruent	à belles ou à bonnes	Chart. fort. 557.
Telz gens se fient	au gaing et à la table	„ nobl. 215.
Quant nous pensons	à ses biens et vertuz	Martial II 29,1.
Ou privé soit	de paix et d'espérance	Villon 231.

Abweichend gebildet ist folgender Vers, in welchem nach dem entfernteren Objekt im zweiten Vgl. ein neuer Satz anhebt:

Feignant de la[1]) doner	au poupard, et soudain	
Une ondée de lait	luy eschape du sein	Baïf 15.

D. Die Cäsurpause tritt ein vor der adnominalen Bestimmung, die mit der Präposition „*de*" verbunden ist:

Or est mort medecin	du bon duc d'Alençon	Marot II 222.
S'il y a hom'	d'aucune renommée	Villon 226.

Vgl. Christine-B. 440,13; Chart. S. 532,10; 333,17; fort. 514; 562; 610; nobl. 42; 195; 323; 436; Ball. Chart. III 1; Ch. d'Orl. II 197,20;

---

[1]) La mamelle.

— 73 —

Villon 201,$_{11}$; 231,$_5$; 233,$_1$; Rec. VI 12; 15; Cretin 69,$_{27}$; Chans. LII 1; LXXX 1; Marot Cupidon 424; 461; Rabelais I 13,$_{20}$; 14,$_{27}$; Ronsard IV 129,$_{32}$; Jodelle Cleop. V 7; Didon V 16.

Bemerkung 1. Auch die adnominale Bestimmung setzt sich nicht selten aus mehreren koordinierten Teilen zusammen:
N'il n'est venin   de serpens ne d'aspicz   Chart. fort. 893.
Vgl. Christine-B. 439,$_5$; 440,$_{14}$; Chart. mort 168; Villon 149,$_9$; $_{16}$; 150,$_2$ fg.; 230,$_4$; Chans. LXXX 1; CXXIX 15; Rec. VI 14; Martial I 69,$_{27}$; Marot Enfer 328; Cupidon 190; Bellay I 232; II 19; Rons. IV 134,$_7$; Jod. Cleop. II 86; Baïf 9,$_4$ fg.

Bemerkung 2. In sehr vielen Fällen füllt die adnominale Bestimmung das Vgl. nicht:

C'est l'enseigne   des vertus en ce monde   Chart. nobl. 332.
Et le plaisir   de viure descroissoit   Lemaire 17,$_7$.
Mais la beauté   de l'une au soir décline   Ronsard I 155.
                     ... à tous il faict congnoistre
Le juste droit   du Coq, et qu'il est maistre   Rec. IV 69.
... n'escondie Sus le deffens   du prince; son affaire
                     vault lors trop pis   Desch. ball. XXIII.

Vgl. Desch. ball. XVI 3; XXXIX 20; LV 13; C 15; CCIV 13; Villon 203,$_{14}$; 358,$_2$; Chans. CXV 13; Rec. IV 59,$_5$; Martial I 69.$_{12}$; II 27,$_4$; 180,$_6$; $_{17}$; 186,$_{36}$; 193,$_{81}$; Coquill. I 8; Cretin 67,$_2$; Lemaire 53,$_1$; 167,$_9$; Marot I 75; Ep. XXVIII 41; LV 20; Mellin bei Ste-Beuve S. 37; Bellay S. 57; œuvres I 270; Ronsard I 17,$_{13}$; 136; 188; 211; IV 12,$_9$; 29,$_7$; 30,$_3$ etc.; Baïf 6,$_{15}$; 50,$_8$; 94,$_3$; 96,$_{10}$; 121,$_{19}$.

E. Durch die Cäsur wird die Umstandsbestimmung auf das zweite Vgl. beschränkt:

L'autre est rauy   en pensee plaisante   Chart. fort. 42.
Rencontré soit   de bestes feu gectans   Villon 229.
Comme font vrays amoureux   secretement   Chans. XXX 78.
Si je ne voy mes amours   toutes les nuyts   „   XXX 2.

Vgl. Christine-B. 349,$_{16}$; Desch. ball. XII 23; XXXV 2; Chart. S. 532,$_8$; fort. 6; 53; 95 a; 858; 949; 950; 1008; nobl 9 (Refr.); 49; 154; 182; 183; Paix 2; 3; 271; mort. 65; reg. III 11; Ball. Chart. I 9; III 9; 12; 25; 32; 34; IV 15; 35; Villon 153,$_{12}$; 198,$_4$; 199,$_1$; 201,$_{10}$ etc.; Rec. VI 7; 10; 11; 12; 13; 18,$_{28}$; Coquillard I 18,$_1$; Martial II 26,$_{16}$; 192,$_{22}$; Cretin 68,$_1$; 69,$_2$; Lemaire 103,$_8$; 164,$_1$; Marot I 69; 71; 94; 104; 106; Enfer 409; Cupidon 440; 512; Ep. I 2; 192; II 129 etc.; Chans. XVI 3; XXX 5; XLV 5; 18; LII 22; LIX 3; LXIII 3; LXXVIII 2; LXXX 11; CXV 2; CXXIX 7; Rabelais I 2,$_9$; 12,$_{19}$; 14,$_{16}$; 15,$_6$; Ronsard II 223; III 103; Jodelle Cleop. Prol. 58; Didon I 221; II 473; Baïf 9,$_{10}$; 15, 22.

Bemerkung 1. Sehr häufig finden sich im zweiten Vgl. mehrere Umstandsbestimmungen:

α. die koordiniert sind:

| Qu'il vons laisse | sans peine et sans courroux | Chart. fort. 230. |
| Et iure Dieu | dix fois, on quinze ou vingt | " " 878. |

Vgl. Christine 440,$_{32}$; 441,$_2$; Chart. fort. 322; 545; 834; Ball. Chart. III 6; 17; Villon 135,$_4$; 152,$_9$; 197,$_7$; 198,$_6$; $_8$; 217,$_{15}$; Chans. XVI 1; XXII 7; XXXVIII 16; LXV 12; Martial I 70,$_8$; Rec. VI 15,$_{16}$; 15,$_{21}$; Lemaire 41,$_{16}$; 71,$_9$; Collerye 40,$_1$; Marot I 92; 112; Enfer 186; 486; Egl. II 128; Ep. XV 2; LIV 55; El. III 63; XIII 56; Bellay I 311.

β. die nicht gleichstehen:

| Je les recueil | neantmoins soingneusement | Ball. Chart. III 15. |
| Gens eslevez | souvent par fol service | Rec. VI 15. |

Vgl. Desch. ball. XX 11; Chart. fort. 67; 168; 426; 451; 954; Ball. Chart. III 2; Villon 228,$_2$; 231,$_3$; Chans. X 3; 14; LXXX 7; CXIV 14; CXXV 3; Rec. VI 15,$_{25}$; 15,$_{32}$; 17,$_{18}$; 19,$_6$; Marot I 94; Ep. LIX 5; Ronsard IV 27,$_1$.

Bemerkung 2. Vereinzelt folgt nach der Umstandsbestimmung ein mit Versschluss endender Satz:

| Marie yra | a Namur; pour ce dis... | Desch. ball. LXXXIX 15. |

F. Adnominale Bestimmungen können von ihrem Beziehungswort durch die Cäsur getrennt werden, sollen dann aber das betreffende Vgl. füllen, doch finden sich gerade hier sehr zahlreiche Abweichungen; erst Malherbe wendet sich gegen die Freiheiten, die bis dahin geherrscht hatten (vgl. Grœbedinkel a. a. O. S. 84):

a) Attributives Adjektiv oder Partizip mit Ergänzungen:

Si je fais dueil	tres long et rigoureux	Ball. Chart. II 33.
M'a adressé au pré...		
De son royaume	ample, large et puissant	Marot Ep. XXV 17.
Mon bel amy	plaisant et gracieulx	Chans. XLV.
Ce sont serpentz	enflez, envenimez	Marot Enfer 139.

Vgl. Christine-B. 440,$_2$; Desch. ball. CCCXVI 41; Chart. S. 532; fort. 828; 1130; nobl. 393; Paix. 7; reg. VII Refr.; ball. III 19; Villon 194,$_2$; 197,$_{10}$; 198,$_{14}$; 204,$_1$; 229,$_7$; 235,$_5$; 358,$_8$; Rec. VI 11; 15; Martial I 61,$_{19}$; 62,$_3$; 72,$_{25}$; II 178,$_{13}$; Coquill. I 18,$_6$; Lemaire 160,$_{18}$; Marot I 77; 79; 86; Enfer 139; Ep. XLII 48; El. I 111; V 27; XIIII 39; XV 1—2; XVII 81; XXIV 1; Ball. XIII 8; Ronsard I 56,$_3$; IV 13,$_{26}$; 27,$_{29}$; 28,$_3$; Jod. Cleop. II 27; III 306; IV 123 fg.; Didon IV 210; Baïf 77,$_8$; 178,$_{18}$; 351,$_1$; Rabelais I 14,$_{25}$.

In sehr vielen Fällen nimmt indessen das attributive Adjektiv oder Partizipium das Vgl. nicht vollständig ein:

a. Dasselbe steht vor der Cäsur:

Une doulce	plaisant nominatiue	Chart. ball. mort II 1.
Se fusse ung povre	ydiot et folet	Villon 194.
Est des vieux et nouueaux	ouuriers l'ouurier supréme	Jodelle II 187.
Qui estoit grant	don, loyer & recompense	Martial II 184.
Par sa haulte	digne prouision	Chart. nobl. 32.
Poursuy, Charles, l'heureux	instinct de la nature	Jodelle II 129.
Et des très haults	princes tant renommez	Marot Ep. XV 56.

Vgl. noch Cretin 11; 68; Coquill. I 7; Marot Enfer 9; 323; 440; Ep. XLII 10; 128; t. II 222; Villon 135, $_2$ Refr.; Chans. XXV 1; Jodelle II 10; 230; 238; Cleop. II 197.

In allen diesen Versen ist die Trennung dadurch gerechtfertigt, dass die im zweiten Vgl. befindlichen Satzteile eng zusammen gehören und keine Unterbrechung gestatten.

Dahin gehört auch der Fall, dass sich an das im zweiten Vgl. befindliche Substantiv ein mit Versschluss endender attributiver Relativsatz anschliesst.

Pour ce chetif	monde qui me detrie	Desch. ball. CXXXIV.
Et du petit	bergeret qu'elle allaicte	Marot I 100.
Sous le meilleur	climat qui soit en mont	Desch. ball. CLXX.

Dagegen sind auffällig Verse, in denen auf das zu dem Adjektiv gehörige Nomen ein nicht eng zu demselben gehöriger Satzteil folgt:

	... la mort fait tumer les plus hardis	
En l'infernal	palut, par leur deffault	Desch. ball. III.
Du plus petit	estat jusques au grant Ay conservé.. „	„ CXCIXI.
Et n'est-il pas escript...	En veritable histoire, qu'il parla	Que... Rec.VI 52.
Et a ces beaux	astrologues te fies	Rec. V 233.
Qui fut ung dur	morceau à les passer	Martial II 178.
Ayons au sainct	Sacrament reverence	Cretin 25.
Que Charitable	Amour auoit dompté	Marot I 74.
Que l'invoqué	Mercure ne responde	Ronsard II 224.
De ses murs, où trop grande	asseurance elle avoit	Jodelle II 250.

Vgl. noch Cretin 59; Lemaire 84, $_{24}$: Marot Cupidon 98; Ep. XXIX 15; El. XIX 54; Cimet. XVI 11; Jodelle II 115; 239; 250; 273; 276; Didon I 35; II 204.

β. Das Adjektiv bezw. Partizipium folgt seinem Nomen nach der Cäsur:

Les prodomes	sages sont miserables	Desch. ball. XXII.
Royne a ce temps	couronnée de France	„ „ LV 7.
Helas! quel temps	divers il a couru!	Martial II 191.
Par son orgueil	fier et presumtion	Coquillart I 8.
Veu son procés	verbal, au long escript	Cretin 5.[1]
L'autre par dueil	continuel regrette	Marot I 99.
Quand le pardons des flots	appaisez fit descendre	
Nostre troupe en Afrique		Jod. Didon I 50.
	... il rouoit ses prunelles	
Dedans deux yeux	enfoncez, comme attaint	Jusqu' à la mort Baïf 35.

Vgl. Desch. ball. XXIII 4; CXXI 1; CCII 6; CCCLXXXI 48; CCCCVI 25; Chart. fort. 582; Martial I 72,$_{16}$; Cretin 1,$_4$; 5,$_{24}$; 21,$_1$; 54,$_8$; Marot Ep. II 39; X 12; XIII 97; XIIII 13; XXIX 86; 119; LIX 55; Angoul.-D. 193,$_{22}$; Jodelle II 96; Didon II 438; 581; V 118; Baïf 35,$_{81}$.

b) Zahlwörter werden nicht sehr häufig von ihrem Beziehungswort getrennt; gewöhnlich lässt dann das zweite Vgl. keinen Einschnitt zu, oder die Zahlbestimmung wird im zweiten Vgl. fortgesetzt:

α. Kardinalzahlen:

Qui ont huit, neuf	Dignitez ou Prébendes	Martial II 24.
Et autres cent	espèces d'oiselets	Lemaire 31.
Seze ou vingt mille	hommes de mon armée	Rec. I 60.
Pourrois-ie oublier mille	et mille et mille choses	Jod. Cleop. I 155.

Vgl. Marot Enfer 24; Ronsard I 90; Jod. Cleop. III 142; Baïf 9,$_{28}$.

Dagegen sind abweichend gebildet folgende Verse:

De tous les .VII.	ars qui sont liberaulx	Desch. ball. LIII 1.
Quatorze cens	ans pot l'aage durer	„ „ CCCLXV 21.
Soixante et dix	mille hommes ou plus estions	Rec. I 59.
Des neuf cieux et des quatre	elemens la discorde	Jodelle II 105.

β. Ordinalzahlen:

Les sixiesme	point et le derrenier	Ch. d'Orl. I 12.
Qui fut premier[2]	grant Empereur de Romme	Martial II 185.
La premiere	vertu et (la) plus grant	Rec. XI 131.

Als abweichend gebildet sind zu bezeichnen fg. Verse, in denen im zweiten Vgl. eine *coupe* entsteht:

	la lune en celle nuit	
En la face	seconde, et si remembre Que...	Desch. ball. LIV.
Sans ton premier	bon propos abolir	Marot El. XV 88.
C'est un second	Robertet, qui ahenne Tousiour dedans...	Lemaire 173.

---

[1] Zitiert bei Quicheart a. a. O. S. 330.
[2] Doch kann hier *premier* auch prädikativ gefasst werden.

c) Trennung des Pronomens von seinem Beziehungsworte findet ebenfalls nur selten statt; derartige Verse sind wohl als cäsurlos zu betrachten:

α. Possessiva und Demonstrativa:

Par ce que son	filz Louys voult manier...	Martial II 198.
De toutes mes	criminelles desertes	Cretin 201.
Par le tout sien	entier amy parfaict	Collerye 29.
Qui sont en ces	ambitieuses Courts	Marot Ep. LVI 24.
Eussent ceste	doulce vie hantee	Villon 154.

β. Indefinita:

Et de mainte	grant foleur repassee	
Est la cuidance	.... cassee	Chart. fort. 581.
Combien qu'aucuns	cueurs ne demandent mieulx...	Ch. d'Orl. I 10.
Et à tous autres	Roys de France jadiz	Martial II 196.
Trop plus que nul	autre varlet de chambre	Lemaire 7.
Et à chacun	seigneur obeyra	Marot I 82.
Parmi lesquels pour tel	carnage executer	Jodelle II 257.
Amours et tous	ceulx de la seigneurie	Ch. d'Orl. I 94.

Vgl. Rec. I 40; Marot I 74; Ep. XX 45; XIII 186; Jodelle II 84; 112; 239; 257; Cleop. II 178.

Bemerkung. An die Pronomina schliessen sich die pronominalen Adverbien des Grades und der Menge, die nicht selten von ihrem Nomen getrennt sind:

Le Coq est plus	luysant que le Soleil	Rec. IV 67.
J'appercoy bien	clerement tous les jours Que...	Chans. LII.
on pourra	entichir les histoires	
Des vostres tant	glorieuses victoires	Cretin 116.
Pour estre tout	perdu d'uy a demain	Desch. ball. I Refr.
La point ou peu	soucieux de ma playe... il s'esgaye	Rons. I 61.
Mais rien n'est plus	furieux que la rage	
D'vn cœur de femme		Jod. Cleop. III 358.
Comme mon plus	precieux en ce monde	Jodelle II 7.
Ivoy, très mal	gardé, bien assailly	Rec. IV 59.
Et toy par trop	ingrate damoyselle	Marot El. XV 98.
Seule sans si	divinement tissuë	Cretin 18.

In zahlreichen Fällen ist indessen das vor die Cäsur gestellte Adverbium nicht als nähere Bestimmung zu dem unmittelbar nach der Cäsur folgenden Adjektivum zu fassen, sondern vielmehr als Modalitätsbestimmung, die zum ganzen Satze gehört, zum Verbum zu ziehen[1]); die Trennung von dem folgenden Nomen ist dann nicht auffällig:

---

[1]) Vgl. Tobler, Götting. gelehrte Anzeigen 1875. II 1077.

Et leur suis tant	gracieux et humaine	Lemaire 51.
Il estoit fort	piteulx et debonnaire	Martial I 71.
Aussi a moult	pleu sa chanterie	Desch. ball. CXXIII.

Vgl. Collerye 39,9; 41; Lemaire III 29; Marot I 77.

d) Die Apposition wird häufig von ihrem Beziehungswort getrennt und kann aus einer oder mehreren koordinierten Bestimmungen bestehen:

α. Die Apposition mit ihren Ergänzungen füllt das zweite Versglied:

Tout m'ennuye	ciel et soleil et lune	Ball. Chart. I 17.
A ung Lombard	usurier par nature	Villon 217.
Puis eut ung filz	le vaillant Charlemaigne	Martial I 62.
Qu'elle en perd tout,	et plaisance et valeur	Lemaire 170.
Ces biens de vous	ma dame et ma maitresse	
Sont trop plus grand que		Villon 105.

Vgl. Chart. fort. 732; 734; 886; Villon 105,5; 112,6; 162,12; 203; 217,8; 228,6; 234,5; Chans. CXV 1; Cretin 67,18; Marot El. X 11; Desch. ball. CCCXXXVIII 43; Rabelais I 14,2; 7; Bellay I 92; Jod. Cleop. III 68; IV 33; Didon II 429; Baïf 359,6.

β. Die Apposition nimmt das zweite Vgl. nicht voll ein:

Lors qu'à sa sœur	Pallas il me donna	Marot Enfer 320.
Et crie a Dieu	mercy, ton creatour	Desch. ball. CLVII.
Ledit Charles	le Quint si conquestoit	Martial II 180.
Quant Julius	Cesar ses osts mena	Desch. ball. CLXXII.
Et Scipion	l'Affricquain feiz estaindre	Villon 227.

Vgl. Desch. ball. CCCCIII 3; Martial II 194,11; Villon 197 (Ref.); Cretin 52,2; 57,10; Baïf 3,34; 41,2.

G. Durch die Cäsur kann schliesslich noch getrennt werden der Infinitiv bezw. das Partizipium von dem regierenden Verbum bezw. Hülfsverbum.

Wir behandeln zunächst den Infinitiv:

a) Das regierende Verbum steht vor der Cäsur:

α. Der Infinitiv folgt unmittelbar auf dasselbe; und zwar füllt er mit seinen Ergänzungen in den weitaus meisten Fällen das zweite Vgl.:

Haine voy	regner trop durement	Desch. ball. LIV 5.
Et qui se veult	vivre de l'autrui vin	„ „ CCI 3.
Tant qu'on pourra	l'appliquer sans fiction	Rec. VI 13.
Sans la laissier	parvenir à son esme	Coquill. I 8.
Lors qu'ilz devroyent	estre solliciteurs	Cretin 50.

| Mais plus ne puis | mettre obstacle ou deffense | Lemaire 5. |
| L'une vouloit | en avoir jouïssance | Ronsard I 41. |

Vgl. Desch. ball. XI 19; XXIII 2; XLV 7; XLVI 2; XLVIII 11; LIII 25; LIV 22; LXI 27; Chart. fort. 519; 543; Ch. d'Orl I 2,$_{34}$; 3,$_{13}$; 85,$_{21}$; Villon 135,$_5$; 153,$_7$; 161,$_2$; 217,$_{17}$; 218,$_{11}$; 253,$_4$ fg.; Chans. XXIII 7; XXVIII 10; 16; XLV 19; XLVII 17; LIV 7; LXV 8; XLIII 10 etc.; Rec. VI 12; 13; 15,$_{28}$; 17,$_{29}$; 18,$_{20}$; 19,$_8$; 136; 138; 148; 151; 161; Martial I 71,$_{15}$; II 23,$_{26}$; Coquill. I 24,$_8$; Cretin 58,$_{28}$; 59,$_4$; Lemaire 8,$_1$; 14,$_7$; 18,$_{16}$; Collerye 27,$_{13}$; 33,$_{11}$; 38,$_{20}$; 44,$_{14}$; 46,$_6$; 48,$_3$; Marot I 75; 89; 107; Enfer 145; Ep. XIII 25; XVII 40; XXXV 36; XLII 26; XLIII 25; LII 62; LIV 50; LVI 81; Cimet. XV 10; El. I 1; 26; 95; 128; VII 2; X 1; XI 30; XV 49; 62; XVII 10; XX 17; Rabelais I 13,$_5$; $_{28}$; 14,$_{30}$; 15,$_{19}$; Bellay I 98; 106; 109; 135; 269; 270; 296; 318; 327; 330; II 19; 24; 115; 134; 148; 157; 170; 178; 192; 193; 198; Ronsard I 16,$_5$; 41,$_8$; 53,$_{24}$; 101,$_7$; 101,$_{12}$; 121; 140; 187; 199; 217; 219; 238; 259; II 378; III 302; 324; 326; 345; 348; 350; 381; Magny bei Ste-Beuve S. 94; Jodelle II 110; Cleop. III 52; V 73; Didon I 73; 158; II 509; III 96; Baïf 54,$_2$; 218,$_{23}$; 250,$_6$.

Bemerkung 1. Häufig finden sich zwei oder mehrere Infinitive im zweiten Vgl.:

Dit qu'on ne doit	parler, veoir, n'oir	Desch. ball. LXIII.
Elle m'a fait	tau taller et venir Que..	Chans. LXXX.
Ne peut souffrir	perdre sa dame ou laissier	Lemaire 16.
Si tu les veulx	ou avoir ou laissier	Ch. d'Orl. I 3.

Vgl. noch: Desch. ball. LIX 13; Chart. fort. 57; 422; Ch. d'Orl. I 6,$_8$; 15,$_{18}$; Villon 202,$_8$; Martial I 70,$_4$; Lemaire 170,$_{25}$; Collerye 40,$_{20}$; 48,$_2$; Marot Ep. XIII 103; El. V 34; Jod. Cleop. III 27; Rons. I 155; III 302.

Bemerkung 2. Abweichungen sind selten:

Que ie ne puis	aimer ce que ie voy	Bellay I 115.
Mais ie ne puis	faire que mon fils dresse	„ II 146.
Dont chacun doibt	vouloir que florissant Son noble sang ...	
Soit, et croissant	en sa félicité	Ste-Beuve S. 191.
Qui a ma Roine puis	monstrer que de mon Roy ...	Jodelle I 269.
Comme pourras	congnoistre en la lisant	Collerye 47.
Si je le puis	tenir pour mectre en caige	Chans. XLV 3.
Il t'a laissé	faire; mais très amer L'achapteras	Rec. II 261.
Je ne sçaurais	me resoudre, et ne puis Me commander	Rons. III 207.
Tu as cherché	avoir ce corps et l'as	Cretin 53.

Bemerkung 3. Vor dem Infinitiv kann eine Anrede sich befinden (nach der Cäsur):

| Si tu ne veux | ô nymphe, consentir | Ronsard I 264. |

β. Der Infinitiv ist von dem in der Cäsur stehenden regierenden Verbum getrennt und steht am Schluss des zweiten Vgl. (sehr beliebt):

Pour ce ne sçay	mais nuls homs adrecier	Desch. ball. XXI.
Scelon qu'ay peu	des saiges retenir	Rec. VI 10.
Prince, il n'eust sceu	jusqu'à terre cracher	Villon 136.
Qu'ils ne puissent	mal de luy relater	Chart. fort. 1098.
Et si cuident	chacun d'eux le mieulx faire	Chart. fort. 51.

Vgl. Desch. ball. XIX 9; XX 21; XXI 19; XXXIX 13; XLIV 22; XLVI 1; CXXX 3; Chart. fort. 195; 233; 513; 777; 1066; 1112; nobl. 414; S. 533,$_6$; 533,$_{80}$; Ch. d'Orl. I 8,$_{83}$; 124,$_9$; 124,$_{14}$; Villon 110,$_9$; 136,$_1$; 137,$_7$; Chans. XXXVIII 22; XLVII 20; Martial I 71,$_{10}$; II 185,$_{12}$; Lemaire 13,$_{80}$; Collerye 32,$_7$; 40,$_{18}$; 42,$_{17}$; 50,$_9$; 55,$_9$; Marot I 76; Enfer 116; 357; Egl. II 57; Ep. XXV 43; XXVII 25; XXIX 75; XXXV 53; El. V 16; XV 90; XXVI 5; Rabelais I 13,$_{10}$; 13,$_{29}$; Ronsard I 17,$_{17}$; 27,$_{10}$; 32,$_{20}$; 46,$_8$; 59,$_{15}$; 84,$_{19}$; 88,$_{19}$; 88,$_{25}$; 145; 156; 201; 239; 254; III 62; 302; 310; 322; 347; 350; 356; 376; 410; 411; 429; IV 42,$_7$; 54,$_1$; Bellay I 89; 94; 99; 129; 223; II 24; Jodelle II 324; Jodelle Cleop. III 101; 127; Didon I 18; II 228; 486; III 81; 394; Baïf 3,$_1$; 6,$_{11}$; 178,$_{19}$.

Bemerkung. Auch hier kann vor dem Infinitiv eine Anrede eingeschaltet sein:

Mais il te fault,	mon filz, ton Dieu amer	Desch. ball. CXXXV.

γ. Der Infinitiv steht im zweiten Vgl., d. h. also weder unmittelbar auf dem Infinitiv folgend noch aber auch am Versschluss:

Ne je nattens	jamais estre eureux	Ball. Chart. II 18.
... supplions Que vous vueillez	de l'ame avoir pitié	Martial I 69.
Voyant qu'il faut	par mort quitter leur gloire	
		Jodelle Cleop. II 229.

Vgl. Desch. ball. LVII 25; Chart. fort. 952; Ball. Chart. III 23; Martial II 195,$_{16}$; 195,$_{28}$; Collerye 28,$_{15}$; 46,$_{19}$; Marot I 78; El. I 101; XXIV 33; Bellay I 100; II 121.

b) Das regierende Verbum steht nicht unmittelbar vor der Cäsur:

α. Der Infinitiv steht am Beginn des zweiten Vgl.:

L'on ne veist onc	courrir tant de bissextes	Rec. VI 14.
Vouloit de ce	faire narration	Villon 253.
J'aime avec la chataigne	avoir de bon vin doux	Magny-Ste-B. S. 94.
... dont le chef Je voy comme dans Troye	embraser de rechef	
		Jodelle Didon II 398.

Vgl. Desch. ball. XIV·27; Chart. S. 541,₂₇; Farces 7; Chans. XLIII 5; LIV 7; Martial I 63,₁₈; II 18,₂₂; Rec. VI 12,₁₄; Ball. Chart. IV Refr.; Lemaire 8,₈; Marot Enfer 246; Ep. XXVIII 12; LII 62; 93; XXV 5; XLIII 68; Bellay I 84; 86; 318; II 145; 263; Jod. Eug. Prol. 39; Didon II 434; III 311; IV 412; Collerye 26,₄; Baïf 17,₂; Ronsard I 55; 76.

Auffällig ist daher fg. Vers, in welchem nach dem Infinitiv ein neuer Satz beginnt:

Et ne fault point doubter, qui ayme l'Eglise Il a des biens Mart. II 196.
Dont chascuns puet sçavoir, ne m'en puis taire Desch. ball. XXIII.

β. Der Infinitiv steht am Versschluss:

On vous doit bien   de lorier coroner   Christine-B. 439.
Qu'il ne scet bout,   ne fin, ne voye querre Chart. fort 801.

Vgl. Desch. ball. XX 2; 33; Chart. fort. 913; nobl. 444; Ball. Chart. III 8; Chans. X 8; Martial II 21,₂₄; Marot Egl. II 83; Bellay I 107; Rabelais I 13,₈; Ronsard I 48; 67; 208; III 409; Jod. Cleop. I 113; II 137; Didon I 328;

γ. Mehrere Infinitive füllen das Vgl.:

Aussi ne veulx-je tant   les pigner et friser   Bellay II 167.
Tu me fais vif   languir et dessecher   Ronsard I 74.

δ. Der Infinitiv steht im zweiten Vgl.:

Que vous puissent les Dieux un jour donner tant d'heur Bellay II 263.
Qui cuide femme   tout seul avoir pour soy Chans. XXXVIII.

Bemerkung. Nicht selten findet sich Umstellung, so dass der Infinitiv im ersten Vgl. steht, das regierende Verbum aber im zweiten:

Chascun veillier   doit pour son sauvement   Desch. ball. LI.
Finer par feu   doit tel peruers ministre Lemaire 400.
Penser en vous   jamais ne cesseray   Collerye 36.
Et le venir trouver   sans repos luy commande   Baïf 3.

Vgl. Christine-B. 439,₃₃; Desch. ball. VI 8; X 6; XLIV 25; LI 25; Chart. fort. 764; Ch. d'Orl. I 11; Chans. XXX 16; Collerye 36,₂; 36,₆; 44,₉; 44,₁₂; Marot I 72; Ep. XIX 46.

Ganz ähnlich wie der von einem modalen Verbum abhängige Infinitiv wird das mit dem Hülfsverbum zusammengesetzte Partizip behandelt; auch diese beiden können durch die Cäsur getrennt werden:

a) Das Hülfsverbum geht der Cäsur unmittelbar vorher:

α. Das Partizip folgt mit Beginn des zweiten Vgl.; die dasselbe begleitenden Ergänzungen gehören eng mit ihm zusammen:

Quarante ans a	chanté de Requiem Nostre curé	Desch. ball. XLVIII.
Et quant j'auray	fait ma cedule preste	Ch. d'Orl. I 96.
Les aultres ont	esté mieulx ordonnez	Rec. VI 12.
Ainsi est-on	gourmandé en ce monde	Lemaire 42.
Celuy qui a	commis tel accident	Collerye 34.
Ny Pallas pour avoir	monstré l'art de filer	Ronsard III 374.
Et ce Pelide estoit	rembrasé d'vn malheur	Jodelle II 118;

Vgl. Desch. ball. XXVII 5; LV 31; LXXXVI 10; XC 5; CLXXXIX 17; CCCCLXXXIX 24; Ball. Chart. III 5; Ch· d'Orl. I 5,$_1$; 5,$_{28}$; 6,$_{33}$; 13,$_9$; 82,$_{15}$; 144,$_{16}$; Villon 203,$_6$; Chans. CVII 3; CXV 6; Rec. II 169,$_1$; VI 17,$_1$; Martial II 30,$_{25}$; 180,$_{11}$; 198,$_{13}$; Lemaire 61,$_{17}$; 159,$_7$; 184,$_5$; Collerye 280,$_{10}$; 287,$_5$; Marot I 75; 79; 81; Enfer 431; Cupidon 148; Egl. II 230; Ep. IX 60; XVIII 18; XLII 107; El. I 6; 160; XXII 60; Rabelais I 15,$_{17}$; Bellay I 108; 126; 228; 331; II 165; 179; Ronsard I 195; 209; 229; III 177; 335; 355; 367; IV 13,$_{15}$; 17,$_{14}$; 53; 130,$_5$; 141,$_{22}$; Jod. Cleop. I 200; II 269; III 176; IV 71; Didon II 45; t. II 113; 118; 272; 278; 280; Baïf 46,$_{27}$; 129,$_{10}$; 357,$_{27}$.

Bemerkung 1. Sehr schwach ist die Cäsurpause, wenn die zusammengesetzten Zeiten von *avoir* getrennt werden:

Et les bons ont	eu merite au derrien	Desch. ball. XL.
Depuis qu'om a	eu science en despit	„ „ CCLXXII.
Et qui moins ay	eu d'amoureuse vie	„ „ CCCCL 2.
Les autres ont	eu recours a saint Job	Lemaire 55.
Et quand l'on a	eu le fruict de l'attente	Marot Ep. LXV 21.

Bemerkung 2. Auffällig, weil selten, ist fg. Versform:

Ta vigueur est	resoluë, & vieillesse	
Dure et moleste	accourt . . .	Rabelais II 21.
. . Hector . . . d'Achilles fu	occis, et Tholomée	
La teste prist . . .	de Pompée	Desch. ball. CCCXXXVIII.
Et à tort t'ay	nommé, et sans raison . . .	Marot Ep. I 130.
Le temps qui est	passé; car en arrière . . .	Villon 227.

β. Es finden sich mehrere Partizipien im zweiten Vgl.:

Que vous avez	desconfiz, mors et pris	Les sept Angloys Christine-
Ne doit estre	souillee ne polue	Chart. fort. 1128. [B. 440.
Que plus y ay	travaillé qu'entendu	Villon 7.
Elle m'avoit	promis et baillé foy	Chans. XXXVII.
Quant je seray	bien armé et bardé	„ XCVIII.

Vgl. Chart. 745; Villon 201,$_2$; 201,$_{16}$; Lemaire 54,$_{28}$; 183,$_4$; Marot Enfer 143; Collerye 161,$_{22}$; 167,$_9$; Chans. XCVIII 23; Bellay I 98.

γ. Das Partizip steht vor Versschluss:

Et de toy sont	maint grand peuple venuz	Desch. ball. CCCXVI.
Seulete suis	en ma chambre serree	Christine 440.

Quant ma joye est	soubs la tombe emmuree	Ball. Chart I 20.
Fortune fuz	par clercz jadis nommee	Villon 226.
Fortune m'a	ce jourd'huy dispensée	Collerye 255.
De ses mains mes me avoit	si luisamment poli	Baïf 266.

Vgl. Desch. ball. CXI 17; CCCXV 2; CCCXVI 33: Christine-B. 440,$_{26}$;$_{33}$; 441,$_7$;$_9$; Chart. fort. 64; 271; nobl. 57; 59; 67; Ball. Chart. I 8; 32; Villon 105,$_{14}$; 203,$_{12}$; 217,$_7$; Chans. XCVIII 5; Ree. VI 14; Martial I 12,$_{10}$; Lemaire 5,$_2$; 5,$_4$; Collerye 37,$_{17}$; 162,$_{10}$; 165,$_{20}$; 166,$_1$; 168,$_7$; 245; 282,$_{24}$; Marot Ep. IX 17; Enfer 166; 207; 250; El. I 139 fg.; Ball. IV 4; 14; Bellay I 87; 89; 97; 125; 129; 136; 268; II 188; 190; 194; 221; Ronsard I 12,$_{26}$; 53,$_{24}$; 65,$_4$; 65,$_8$; 88,$_1$ fg.; 98,$_{10}$; 144; 154; 157; 159; 186; 242; 262; III 102; 114; 171; 222; 297; 308; 322; 336; 342; 378; 387; IV 12,$_6$; Baïf 8,$_{13}$; 64,$_1$.

δ. Das Partizip steht im zweiten Vgl. (selten):

Combien qu'il eust	au diable faict promesse	Villon 106.
Avant que m'ayt	s'amour voulu donner	Chans. LXXX.
Et à ce t'ont	chacun tendu la main	Lemaire 183.
Car en ces troys elle a	plus de vices fait maistre	Bellay I 313.
Que nous avons	bien accordé ensemble	Marot Ep. XXVII.

b) Das Hülfsverb steht im ersten Vgl. bezw. zu Anfang des Verses:

α. Das Particip steht zu Beginn des zweiten Vgl.:

Mais j'ay depuis	eu beaucoup à songer	Rec. I 56.
Or est le corps	sorty hors de prison	Marot El. I.
Et si i'ay ce iourd huy	vsé de quelque feinte	Jod. Cleop. IV 9.
Tant qu'on neust pas	oy du Ciel tonner	Martial I 70.

Vgl. Desch. ball. XLVIII 5; Ball. Chart. IV 1; Ch. d'Orl. I 5,$_{19}$; Chans. XXXVII 23; XLIII 12; LVIII 11; Rec. IV 52,$_6$; Martial II 30,$_4$; Lemaire 21,$_{18}$; 168,$_{28}$; Collerye 55,$_{14}$; 162,$_{15}$; 177,$_2$; Rabelais I 15,$_{14}$; 17,$_{18}$; 45,$_{18}$; Ronsard II 20; Jod. Didon I 113; II 277; t. II 85.

β. Im zweiten Vgl. können auch in diesem Falle mehrere Partizipien sich befinden:

Elle est pieça	devorée et pourrie	Villon 201.
... le feu Roy ..... A les Angloys	chassez et repulsez	Martial II 191.
Qui m'ont si fort	bruslé, serré, lié	Ronsard I 11.

γ. Das Partizipium steht vor Versschluss:

Encor n'est pas,	dieu merci, refroidie	Christ.-B. 439.
Or tu as tout	mon penser contrefait	Chart. 533,$_9$.
Où j'ay assez	de paine dispensée	Ch. d'Orl. II 34.
... que ma vie Fust encor plus	cruellement ravie	Marot Ep. I 134.

Vgl. Ball. Chart. I 23;. Villon 235,$_2$; Martial I 61,$_{23}$; II 191,$_{11}$;

Collerye 37,₁₆; 164,₁₀; Chans. LVIII 1; Marot I 91; Ep. XLII 112; El. XV 58; Ronsard I 44,₂₄; 98,₃; II 397; IV 130,₆.

δ. Das Partizip steht mitten im zweiten Vgl.:

Je fusse mieulx tout mort cent contre vne Que de viure Ball. Chart. I 5.
Et estoit Dieu très mal servy à l'heure Martial II 191.
J'ay en Flandres trois fois oy sonner Desch. ball. XIX 1.

Ebenso wie beim Infinitiv ist auch bei dem mit Hülfsverb verbundenen Partizipium Inversion sehr beliebt:

A qui subgiet est chascune province Ch. d'Orl. I 6.
Jadiz estraict il fut de vostre ligne Villon 135.
Et condempné sois perpetuelment Chans. XXIII.
Car incongneu suys des umbres uniques Marot Enfer 311.
Les champs couverts de divers flours a „ Cupidon 2.
Si bien acoutumé suis de ma nourriture Que... Baïf 5.

Vgl. Christ.-B. 439,₁₄; Desch. ball. LV 32; CXLIII 3; Ch. d'Orl. I 6,₂₀; 11,₈; 94,₄; II 101,₂₇; Villon 105,₆; 229,₉; 231,₁₀; Rec. I 56; II 254; V 322,₁[1]); VI 169,₁₉; Martial I 69,₂₅; II 20,₃; 30,₃₅; 178,₆; Chans. C 12; Collerye 233; 287; Marot I 80; Enfer 316; Egl. II 1; 230; Ep. XI 46; XIV 42; XVI 29; XXIX 59; XLI 45; XLII 104; XLIII 71; L 48; 57; El. XIIII 31; Baïf Psalm XCIII 5.

Bemerkung 1. Das erste Vgl. kann in diesem Falle zwei koordinierte Partizipien enthalten:

Fait et formé l'avoit Nature digne Lemaire 164.

Bemerkung 2. Aber als unregelmässig muss es bezeichnet werden, wenn im zweiten Vgl. nach dem Hülfsverb noch ein anderer Satz folgt, bezw. begonnen wird:

Lors quant acquis ont tant, soudainement
Vieillesce vint... Desch. CXCVI 17.
... alors en bonne foy
Recommandé m'aura, comme je croy Ch. d'Orl. I 95.
... mieulx... Que reprouché luy fust d'en avoir rien Martial II 178.
Moustiers destruiz sont sans qu'on les redresse Ch. d'Orl. I 144.

Dem Partizip resp. Infinitiv ganz gleich behandelt ist.

H. Die prädikative Bestimmung.

Dieselbe kann, sei sie ein Adjektiv, Partizip oder Substantiv, sei sie auf das Subjekt oder Objekt bezüglich, durch die Cäsur von ihrem regierenden Verbum getrennt werden, wobei auch hier im allgemeinen die Regel beobachtet wird,

---

[1]) Derselbe Vers wie bei Villon 231,₁₀.

dass der abgetrennte Teil (mit seinen Ergänzungen) das Vgl. voll einnimmt:

a) Prädikative auf das nähere Objekt bezügliche Bestimmungen finden sich:

α. vor der Cäsur:

Vif et vivant	vous tient, ma chere dame	Collerye 41.
Mort et transy	me verrez, sans mensonge	„ 30.
Hault eslevé	au gibet m'ont peu veoir	Marot El. XXII 12.
Seul, pâle et froid,	sans retourner me laisse	Ronsard I 61.

β. nach der Cäsur:

Je sens ma nef	foible, povre et pourrie	Desch. ball. CXXXIV 3.
Qu'on ne vid onc	si laids et si enormes	Lemaire 53.
Mais qui(que) l'ayt	terrible et violent	„ 159.
Lequel le rend	morne et espouvanté	Marot Egl. II 210.
L'autr' hier le vy	aussi sec, aussi palle	„ Ep. LIX 13.
J'avois l'esprit	tout morne et tout pesant	Ronsard I 80.
Avoir la face	et triste, et morne, et blesme	„ I 14.

Bemerkung 1. Zu der prädikativen Bestimmung können Ergänzungen treten:

Je t'appelle	de traison villaine	Chart. 532.
Quand je la vois	retraict ainsi seulet	Villon 194.
Et vous monstrez	tres puissans en tout lieu	Rec. VI 13.

Vgl. Chart. fort. 826; Villon 200,$_7$; 200,$_{10}$; Marot Ball. IV 38; Jodelle Cleop. I 51; Didon I 198; 286; Baïf 5,$_1$.

Bemerkung 2. Das Objekt kann auch mit der prädikativen Bestimmung im Vgl. vereinigt sein:

Lequel nous feit	l'ung et l'autre amoureux	Marot El. VI 16.

b) Prädikative auf das Subjekt bezügliche Bestimmungen können ebenfalls von ihrem Nomen getrennt sich vorfinden:

α. im ersten Vgl.

Toute nue en sa chemise	el luy ouvrit	Chans. XXX.
Sain et gaillard	je vins à ton service	Ronsard I 65.
Net, libre et nud,	je vole d'un plain saut	„ I 96.

Vgl. Chart. mort 156; Cupidon 443; Marot El. XXI 30; Angoul-D. 193,$_{23}$; Ronsard I 92,$_{12}$; IV 18,$_{25}$.

β. im zweiten Vgl. (selten):

Je viens à vous	comme esmeu et appris	Chans. XXV 2.
Et il s'en va	tremblant, morne et pallie	Marot Enfer 239.
Trois mignons les menoyent	rustres et gorgias	Chans. LXXXVIII.

Abweichend sind gebildet folgende Verse, in welchen die

prädikative Bestimmung (mit Ergänzung) das Vgl. nicht voll einnimmt:

Tu toucherois,	nouveau temple, les cieux	Ronsard I 72.
Celuy qui à Cesar	compagnon ne peult plaire	Cleop. Jodelle I 36.
Les lieux de sa naissance	ardant abandonna	Baïf 41.

An diese prädikativen Bestimmungen schliessen sich endlich noch an:

J. **Kopulative Bestimmungen**, die entweder durch das verbum substantivum oder ähnlich (sembler) mit dem Subjekte verbunden sind, und zwar stehen dieselben:

a) nach der Cäsur; das Hülfsverb steht unmittelbar vor der Cäsur:

α. Sie füllen das Vgl.:

Et donc i'estoye	le plus nice et le mendre	Chart. fort 19.
Alors seront	vrais amans bien heureux	Chans. CXV.
Ce me sera	agréable et bien doux	Marot I 95.

Vgl. Chart. fort. 585; 864; Villon 217,$_{12}$; Rec. VI 16,$_1$; Cretin 195,$_{24}$; Lemaire 168,$_{15}$; Rabelais I 13,$_8$; Ronsard I 73.

β. Das kopulative Nomen steht vor Versschluss:

Et pour ce es tu	de tous biens tresoriere	Desch. ball. CCCLXIII.
Quatre mois soit	en un vivier chantant	Villon 229.
Posé qu'ilz soient	de toute bonté nudz	Collerye 195.
Qui nommée est	du monde la malice	Marot Enfer 206.

Vgl. Chart. fort. 812; Chans. LII 5; Rec. VI 11; Marot El. I 158; XV 53; Rabelais I 12,$_{10}$; Ronsard I 186; Baïf, Au Roy 32; 40.

γ. Die kopulative Bestimmung steht unmittelbar hinter dem Hülfsverbum nach der Cäsur zu Beginn des zweiten Vgl.:

Tous ses faits sont	dignes de grand' louanges	Rec. VI 162.
Or sommes nous	prochains du dernier aage	Marot Egl. I 11.
Veu qu'il sembloit	impertinent à tous	Rabelais I 13.
Diverses planches sont	produisant mille fleurs	Baïf, Au Roy 16.
Car davant toy je suis	un pelerin qui passe	„ 332.

Vgl. Desch. ball. CCCXCIV 17; Ball. Chart. I 18; Marot Ep. XLII 159; Chans. XLVII 7; CXVIII 1; Ronsard I 134; 152; 154; 213; II 399; III 108; IV 138,$_{18}$; Jodelle Didon III 35; Bellay I 115.

Bemerkung. Selten steht die kopulative Bestimmung mit dem Subjekt im Vgl. zusammen:

Et si nen sont	les fruits de riens meilleurs	Ball. Chart. III 13.
Que ne fut onc	la vie gracieuse	Lemaire 18.

b) Das Hülfsverb steht im ersten Vgl.:

Car chascun voit Que tels est hui	fors, legiers et apers	Desch. ball. CXX.
Car tant est Soing	basanné, laid et pasle	Marot Egl. II 211.
Tant est largesse	en tous cas aduenant	Chart. nobl. 321.
Ne soyez donc	de nostre confrairie	Villon 202.
Dueil est tousjours	la fin, l'issue et l'us	Chart fort. 1150.
Comme s'ils estoient ia	languissans dans la mort	Jodelle Did. IV 78.
Les armes soyent tousiours	aux armes aduersaires	„ „ V 94.
Je ne seray point moins	dépit, ny nos Charites	„ II 108.

c) Das Hülfsverb steht im zweiten Vgl.; die kopulative Bestimmung geht invertiert im ersten Vgl. voran:

Qui saiges clers	fut en philosophie	Desch. ball. XCVIII.
Ton prisonnier	il est sans mesprison	Marot El. 89.
Et compagnon	m'auoit esté en guerre	Jodelle Cleop. II 32.
Ainsin imitateur	d'Hercules vous serez	Baïf 53.

Bemerkung. Sehr schwach wird die Cäsur, wenn im zweiten Vgl. nach dem Hülfsverb ein neuer Satz beginnt:

Mais s'impossible	estoit, que ma vesture …	Lemaire 5.
Dont malheureux	est qui ne s'y accorde	Marot I 78.
Qui Ferme Amour	s'appelle. Helas, seigneurs,…	Marot Cupidon 79.

K. Präpositionen werden nicht selten von ihrem Nomen getrennt, wenn dasselbe (mit seinen Ergänzungen) das zweite Vgl. voll einnimmt; doch ist im allgemeinen die Cäsurpause sehr hart, wenn eine einsilbige Präposition vor der Cäsur steht:

α. zweisilbige:

Et puis, après	recommandation	Ch. d'Orl. I 97.
Escripte avant	principes de grammaire	Cretin 11.
Pour ce qu'après	famine et pestilence Guerre destruict…	Cretin 13.
Musique après	ceste doulce armonye	Cretin 41.
Veu que devant	vostre amoureuse face	Collerye 179.

β. einsilbige:

L'en les baille en	amphiteose et charge	Martial II 25.
Pour cognoistre a	quelque planette ou signe	Cretin 181.
Attendant pour	toute production	Villon 254.
Et s'enferme en	sa chambre ou en retrait	(hart. fort. 321 [1]).
Et vestu de	velours et escarlata	Collerye 220.

---

[1]) In diesem Verse kann man vielleicht das zweite *en* streichen und hat dann einen Vers mit lyrischer Hiatuscäsur, wie solche bei Chartier vorkommen:
Et s'enferme   en sa chambre ou retrait.

A ce que par	quelque manière lasche	Marot Ep. LII 98.
Ose se ruer sur	la beste trop bien nee	Baïf 272.

Wir schliessen hier an die mit *de* zusammengesetzten Präpositionen bezw. Adverbien, welche durch die Cäsur zerlegt werden:

Retira hors	de ce lieu tenebreux	Rec. IV 176.
Encore est hors	de ce mondain fabrique	Lemaire 172.

Vgl. Marot I 98; Enfer 340; El. XVIII 25; Bellay I 86; Jodelle Cleop. III 14.

A celuy qui est pres	de sa flamme diuine	Bellay II 171.
Or suis je loing	de ma dame et princesse	Marot Enfer 427.
Veu qu'elle ha tant	d'angoises si malignes	Lemaire 163.
Mais puis que tant	de curiosité	Marot Enfer 123.
Mais je sçay tant	de juges corrompables	Marot Ep. LII 6.

Bemerkung. Zuweilen findet sich im zweiten Vgl. ein attributiver mit Versschluss endender Relativsatz:

Et seray hors des maulx	dont je me dueil	Desch. ball. CCCCXXXVI 35.
De sortir iamais hors	des traueaux où ie suis	Bellay II 184.

Dagegen sind die Verse, in denen das zur Präposition bezw. zum Adverbium gehörende Nomen nicht das Vgl. füllt, wohl als unregelmässig zu bezeichnen:

Et avecques	Jeunesse m'en alay	Ch. d'Orl. I 2,5.
Parquoy avec	ma guyde je consulte	Marot Enfer 36.
Le viel Saturne aupres	du ciel estoilé torne	Baïf 9,8.
Tantost va sur	les espaules ployer	Rec. IV 174.
Qui avez soubz	Dieu les biens et honneurs	Martial II 18
Les vnes pour tes diuices,	pretendent T'accepter pour coniuge	Rabel. III 275.
Supposé qu'en	ce monde (il) n'a riens	Collerye 220.
Aussi quand hors	du printemps jeuz esté	Marot Egl. II 109.
Et en bien peu	de temps ceste duché Il a conquis	Rec. IV 61.
Vous faictes tant	de gens crier helas	Coquillart I 13.
... pensez Que c'est assez	de pardon, et assez ...	Jod. Cleop. III 182.
... avoit poli Tel ouvrage et de tant	d'histoires embelli	Baïf 266.

L. Durch die Cäsur werden zuweilen die mit der Negation *ne* verbundenen Komplemente von derselben getrennt; das Komplement steht an der Spitze des zweiten Vgl.:

Je ne parle	pas en vous desprisant	Ch. d'Orl. I 24.
Ne cuides tu	point une foiz mourir	Martial II 188.
Las! ie ne te congneu	iamais pour tel ici	Jod. Didon II 176.
Pour ce ne sçay	mais nuls homs adrecier	Desch. ball. XXI.
Jamès d'amoureux couart	n'orrez bien dire	Chans. LXXXVIII.

Vgl. dazu Desch. ball. CXCVIII 20; Ball. Chart. II 18; Ch. d'Orl. I 7,$_{24}$; 14,$_8$; Chans. LV 7; Rec. VI 19,$_{20}$; Martial I 70,$_{32}$; 71,$_{13}$; II 186,$_6$; Lemaire 49,$_{17}$; 166,$_{14}$; Marot Ep. XIV 56; Jod. Didon II 332.

Bemerkung. Abweichend gebildet und als cäsurlos ist fg. Vers zu betrachten:

Aussi Marie est entre la closture Des filles non   asservye au danger
                                                                                                                    Cretin 21.

M. Selten kommt es vor, dass **Konjunktionen** durch die Cäsur von ihrem Beziehungswort, resp. von dem Satze, zu dem sie gehören, getrennt werden:

Mesmement quand	l'artillerie sonne	Lemaire 81.
Et ores quand	oracles et Sybilles	„ 158.
Et Sodome et	Gomorre a Dieu despite	Desch. ball. XVI.
Draps de soye et	pierreries exquises	Martial II 17.
Du Sainct Père et	sa magnanimité	Collerye 54.
Te suppliant.... Qu'à a ma	Dame et illustre mareschalle	
Recommandé je soys ...		„ 55.
Il vous pry que	vous me faictes secours:	Desch. ball. CCCCXLVII.
A peine que	de dueil mon cueur n'en fend.	Rec. II 119.
De sorte que	tout vif se mangera	„ II 171.
Cependant que	tu estois endormy	„ II 185.
C'est pour ce que	ta terre, qui est grace	„ II 259.
Suppliant que	leur grace ou interine	„ IV 127.

Vgl. Rec. II 267,$_1$; IV 131,$_{16}$; 131,$_{24}$; Lemaire III 52,$_{33}$.

Wir haben hier ein Gegenstück zu der oben (bei den adverbialen Nebensätzen) besprochenen Erscheinung, denn während dort durch die Cäsur derartige zusammengesetzte Konjunktionen in ihre Bestandteile zerlegt wurden, sind dieselben hier im Vgl. vereinigt und werden so von ihrem Satze getrennt. Dass dieser Fall ziemlich häufig vorkam, beweist die Besprehung desselben in der Poetik des Gratien du Pont (vgl. Zschalig, a. a. O. S. 27), wo angeraten wird, in der Schlusssilbe des Zehnsilbners Wörtchen wie „*que, je, se, de*" zu meiden; in der Cäsursilbe sind dieselben jedoch nicht verboten.

Durch die Cäsur können endlich noch getrennt werden:

3) koordinierte Teile eines Satzganzen:

Wir unterscheiden (mit Reissert a. a. O. S. 32) zwei Fälle, nämlich entweder sind beide Vgl. ganz gleichartig, enthalten nur koordinierte Satzteile, während der, auf welchen sie sich gemeinsam beziehen, ausserhalb des Verses steht; oder es kann letzterer Satzteil mit in einem Vgl. stehen und alsdann sind die beiden Teile des Verses nicht koordiniert; wir scheiden nach diesem Gesichtspunkte[1]) (sub a und b); doch soll dabei kein Unterschied gemacht werden, ob im Vgl. ein oder mehrere koordinierte Satzteile sich finden:

A. Subjekte:

a) Vostre rigueur et maulvaise riote Me font fouyr Chans. LXXXIV.
Vostre beauté, vostre honneste personne Me rend subject Collerye 31.
L'espouse à Jupiter et sa fille Pallas
Ont charpenté ma nef . . . Ronsard V 34.
Quel fleuve, quel rocher quelle caverne creuse
Vous detint . . . ? Baïf 201.
la descendit Eupheme
Angé fils du Soleil, Acaste et Polypheme Ronsard V 21.
Tu as la renomée . . . .
Et toy et tes gens d'armes et tous les compaignons Chans. XLIII.
Vgl. Desch. ball. XVIII 5; Chart. fort. 567; Chans. LXXXIV 15; Rec. VI 15; Marot I 80; 99; Ep. LXV 35; Ronsard V 39,$_{22}$; 47,$_{32}$; 50,$_{36}$; 58,$_8$; 65,$_{15}$; 71,$_3$; 96,$_3$.

b) α. Der das Gleichgewicht störende Satzteil steht im ersten Versglied:
Cy gist la fleur, le tiltre, l'excellence Rec. VI 158.
Où vont les plus grands rois et plus grands empereurs Baïf 51.
Amours n'a lieu Verité ne Raison Desch. ball. CXVII 28.
Vgl. Villon 227,$_9$; Chans. CXXXIX 7; Martial I 62,$_1$; II 183,$_{25}$; Marot Ep. LV 6; Ronsard I 18,$_{10}$; 33,$_{15}$; IV 19,$_{20}$; 23,$_{24}$; 30,$_{15}$; 33,$_{18}$; V 16,$_5$; 22,$_5$; 59,$_{23}$; Baïf 10,$_{16}$; 201,$_1$; Jod. Didon IV 105.

β. Der das Gleichgewicht störende Satzteil steht im zweiten Versglied:
Les fleurs, les rochers, les boistes feront place Ronsard IV 27.
Vgl. Ball. Chart. IV 32; Ronsard I 18,$_{10}$; 33,$_{15}$; 57,$_{10}$; IV 27,$_5$.

γ. In beiden Vgl. stehen Satzteile, die das Gleichgewicht stören:

---

[1]) Da wir die von Reissert bei dieser Gelegenheit ebenfalls herangezogenen Sätze (wie auch präpositionale Infinitiv- und Partizipialsätze) früher an den betreffenden Stellen behandelt haben, so besprechen wir hier nur Satzteile, dabei auch Infinitive, die von einem modalen Hülfsverbum abhgängig sind. (Vgl. unter G.)

Ou liesse ne plaisance demeure Chart. S. 536,₂₈.
Le feu, la serre et le ret, à toute heure Ardant occise Rons. I 11.
Ces houx m'en sont tesmoins et ces pins que tu vois „ IV 51.
Vgl. Chart. fort. 256; 599; 956; mort 56; 171; Martial II 183,₁;
Baïf 5,₁₀; 42,₁₁.

Bemerkung. Zum Subjekt können Ergänzungen treten, die ebenfalls beziehungsweise koordiniert sind:

a) . . . . Mars preside aux guerriers
Vulcan aux mareschaux Neptune aux mariniers Ronsard V 71.
A celuy la vergogne et à cestuy l'espreuve . . .
. . . . pousse une force neuve „ V 55.
Ta bonté, ta pitié s'offrent a moy . . . . .
Ta vaillance au combat, au conseil ta prudence „ V 65.
b) Artemis aux veneurs Mars preside aux guerriers „ V 71.

B. Nähere Objekte:

α) Et cherche festes
Nopces, esbatz, et autres lieux honnestes Chart. fort. 410.
Veut donc ce desloyal . . .
Mon honneur, mes bienfait, son honneur, ses promesses
Donner pour proye aux vents . . . Jodelle Didon II 4.
N'en mangeassent Tout leur maton ne toute leur potée Villon 156.
J'ay leu . . . Petrarque, aussi le Roman de la Rose Marot Cup. 323.
. . . guidant par les forests
Molosses et limiers les veneurs et leur rets Ronsard V 17.
Je ne voy . . . Champ, roc, ny bois, ny flots dedans le Loir Rons. I 18.

Vgl. Villon 110,₅; 149,₁₃; Chans. V 15; LXXXVIII 4; Marot Egl. II 121; Rec. VI 19,₂₄: 24,₂₆ fg.; Chart. fort. 89; 650; 750; nobl. 86: 159; 376; mort 123; Ronsard V 7,₁₆; 18,₂₂; 36,₉; 34,₄₄; 69,₇; 19; 73,₂₂ fg.; 80,₁₆; 95,₉ etc.

b) α. J'ay mon honneur esteint, ma chasteté, mes vœus Jod. Did. II 190.
Courte messe aim, beau disner, grant cuisine Desch. ball. XIX.
Dont les veufres . . .
En seuffrent maulx et douleurs apres et fermes Martial II 19.
Quand aures temps . et de raison l'usage Cretin 70.
Ilz ne craignent le loup, le vent ny la froidure Bellay II 171.

Vgl. Desch. ball. CLIV 11; Chart. fort. 481; 666; 1080; 1085; 1086; 1098; Ball Chart. I 13; Villon 161,₇; 162,₁; 193,₉; 203,₂; Chans. XXII 6; LXXXIV 4; XCVIII 3; Martial I 72,₆; Lemaire 196,₁₇; Marot I 71; Bellay II 348,₁₁; Ronsard I 18,₂; 48,₅; V 19,₁₈ fg.; 43,₉; 43,₁₄; etc. Jodelle II 103; 333; Cleop. I 133; Didon I 22; II 127: Baïf 7,₁; 8,₂.

β. Princes, seigneurs il a, et bons gendarmes Rec. II 262.
Non l'ouvrier, non, mais son destin accuse Rons. I 39.

Ne luy donnant . . . . . nulle allegeance
Non un clin d'œil non un mot seulement Baïf 35.
Vgl. Desch. ball. CLXXIV 7; Chart. fort. 79; 910; nobl. 203; Villon 228,₅; Ronsard I 18; IV 31,₆; Jod. Didon II 58.

γ. Gardez la loy et justice a tous ceuis . . . Desch. ball. XCIX.
S'estamine n'avez sacs ou bluteaulx Villon 150.
J'ay eu des Roys et enfans largement Martial I 62.
Poitent brodequins soulliers a oreilles Chans. CXXIX.
Que monseigneur j'honore, helas! et l'amy mien Jod. Cleop. VI 68.
Mais quand ou quelque treille ou quelque ormeau l'apeie Baïf 26.
Vgl. Chart. fort. 102; 442; Cretin 57,₈; Marot El. VII 14, Jod. Didon II 428; Baïf 38,₂₄.

Bemerkung 1. Zu den Objekten können ebenfalls Ergänzungen treten, die beziehungsweise koordiniert sind:

a) Gens bigarrez, gens ennobliz à haste Rec. VI 19.
Du temps perdu, pays conquis, amis morts Chart. bei Quich. S. 321.
Bien tost verras Loyre au long cours Seine au port fructueux
    Saone que dort le Rosne impétueux Marot Ep. XIV 59.
Vgl. Bellay II 108; 119; 314.

b) Qu'Achille fit Pelee et qu'Ajax Telamon Ronsard V 86.

Bemerkung 2. Vereinzelt stehen folgende Verse:
Heritage certain, ne vray demaine
    N'y puet nulz homs acquerir Desch. ball. CCCXXI 19.
Ces cheveux d'or, ce front de marbre et celle
    Bouche d'œillez . . . . . Bellay I 113.

C. Entferntere Objekte:

a) . . . douleur viengne . . . . .
A ton demaine et terre tresdampnable Desch. ball. XVIII.
Si je ne vous sers bien . . .
A nostre gré, dame, non pas au myen Chans. LVII.
Ou soit qu'à sauts gaillards ou soit qu'à la carriere
Ta main au cheval avecq' le frein lié Ronsard V 66.

b) α. Je prie à Dieu et à la Vierge saincte Cretin 70
Resiste à Dieu et à son ordonnance Marot I 83.
Veis à ton gré et ses levres merveilles „ Ep. I 44.
Que ie fais à Ascaigne et à sa geniture Jod. Did. II 408.

β. A toy, donc, Roy, à toy doncques ne tienne... Marot I 13.
Aux soudars, aux chasseurs, et aux chantres commande Rons. V 71.
De leur semblant et d'elles je dis fy Chans. XXXVIII.

D. Umstandsbestimmungen:

a) α. . . . vray demaine N'y puet nulz homs acquerir
Heure, moment, jours, mois, ans, ne sepmaine Desch. ball. CCCXXI.

Il sert le Roy . . . . .
De corps, de biens,   de sens et de couraige   Chans. C.
Tant vous ay desirée . . . .
 Non point en mal   mais tousjours en tout bien! „ XXIII.
Ores du poing senestre, ores de l'autre poing Le secoue.. Rons. V 56.
En doulx regard,   en parolle et faconde
 . . . . .   je ne sçay la seconde   Collerye 30.
Hors d'on repos acquis hors d'vne terre douce... Jod. Did. II 248.
Tu es tonte dans toy . . . .
Sans nul commencement,   sans milieu, ne sans bout Rons. V 18.

β. Contre vo gré et sur vostre deffense
 Pugnissiez l'ay . . .   Desch. ball. XXIII.
Ce moys de may par vng doulx asserant J'ouy chanter Chans. LXIII 1.
Par plusiers fois et sans vous esgarer M'avez requis Collerye 33.
Vgl. Chart. fort. 485; 574; 675; nobl. 38; 46; Paix 6; Plais. 177; mort 155; Villon 142,$_2$; 148,$_8$ fg.; 149,$_{20}$; 152,$_6$; 195,$_{15}$; 198,$_0$; 216,$_8$; 232,$_1$; 254,$_{10}$; Rec. VI 7; 13; Martial I 71; Collerye 35,$_1$; 38,$_{12}$; 287; Marot Egl. II 138; Ep. IX 5; XLII 180; LVI 31; El. VII 7; Ronsard V 44,$_9$; 38,$_7$; 69,$_{20}$; 96,$_{22}$; 113,$_2$; Bellay II 189; 326; Baïf 35,$_4$.

b) α. Et ont laissé... Le pays en paix, en hautesse et en gloirie
    Chart. bei Quicherat S. 123.
Soit en armes, en iouste ou en bataille Chart. fort. 530.
Je vis en dueil   et en grant desplaisance Chans. XXXVIII.
. . . A ma tres chère . . .
Plaine de grace — et bonne renommee   Collerye 41.
Mon Dieu! que de douceur,   que d'aise et de plaisir
 L'une reçoit . . . .   Ronsard V 96.

β. D'armes d'honneurs et amours caquettoient Chart. fort. 23.
Sur son riuage   et dedans ha mainte monstre Lemaire 21.
Et à pitié   et mercy te provoquent   Marot I 105.
Qui est le lieu   ou veut estre honoré
En verité   et esprit adoré   Marot I 81.
De gros pain bis   vivent, d'orge, d'avoine Villon 153.

γ. Parquoy de joye et de soulaz mendie   Christine-B. 439.
ne sçauroit dire Que par beaulté   on grace qui attire
 Ait en sa vie   ung serviteur acquis   Marot I 111.
Vgl. Chart. fort. 741; Marot Ep. XIX 11; Ball. XII 34; Jod. Didon II. 389; Baïf 5,$_4$.

E. Attributive und prädikative Bestimmungen:

a) α. Virginité . . . . Amoureuse,   precieuse, agreable Desch. ball. XI.
Iris Thaumonienne . . . . Messagère à Junon de ce lieu gardienne
 Apparois . . . .   Jodelle Didon II 306.

... que tu portes avec toy
Compagnons de ta peine   et tesmoins de da foy   Jodelle Did. II 156.

Vgl. Desch. ball. IX 4; 5; 12; 13; 19; 20; XVIII 1; 2; 4; 17; Chart. S. 533,$_{12}$; fort. 210; reg. IV 18; Villon 152,$_8$; 197,$_8$; 204,$_{21}$; Coquillart I 22,$_5$; Collerye 41,$_3$; 43,$_6$; Rabelais I 15,$_{10}$; Bellay II 305; Ronsard V 72,$_3$; Baïf 41,$_{11}$.

β. Le cueur ... est si doulloureux
    Et courroucée,   dolent et remply d'ire   Chans. X.
    ... vous n'estes que larrons
    Et violeur de femmes   et bruleurs de maisons   „ CXLIII.
Je fermoit en sa destre ..... une massue
    De sauvage olivier   de toutes pars bossue   Ronsard V 49.

Vgl. Christine-B. 439,$_{32}$; 439,$_{34}$; Chart. nobl. 267; Marot Ep. LII 32; Bellay II 312; Ronsard V 18,$_{20}$.

Bemerkung. Zu jeder Bestimmung können auch hier noch Ergänzungen treten, die ebenfalls beziehungsweise koordiniert sind:

M'amye est tant belle ....
Blanche comme neige,   droite comme ung joug   Chans. CXXXVIII.
Doux en parler   et en armes lyons   Chart. fort. 564.

Vgl. Chart. S. 532,$_6$; nobl. 179; Villon 197,$_4$; fg.; Marot El. I 4–5; V 25; XIII 49.

b) α. Prince vaillant   et de bonne ordonnance   Christine-B. 439.
   Sur peant sourse   et melancolieusé   Chart. reg. IV 3.
   Noms illustres d'honneurs,   nobles de renommée   Ronsard V 51.
   Il est joly   et de noble façon   Chans. XLV.
   Seulete suis   doulente ou appaisiee   Christine-B. 440.
   Puissant je suis   sans force et sans povoir   Villon 219.
   Parcial suis   à toutes lois commun   „ 220.
   Qui est moult grant loz   et digne de memoire   Martial I 70.
   La cour est mon autheur,   mon exemple et ma guide   Bellay II 67

Vgl. Chans. XCVIII 21; CXLII 2; Christine-B. 441,$_5$; Ball. Chart. II 11; Rec. VI 15,$_{30}$; Coquillard I 20,$_4$; Cretin 68; Marot Ep. XXXV 25; XLII 10; El. XV 48; Ronsard I 73; V 56,$_2$; 60,$_2$; Baïf 36,$_{28}$.

β. Redemptueuse   Marie tresamable   Desch. ball. IX.
   Qui tant avez ...
   Ars et destruit   et tué; nous sçavons   Desch. ball. XLIX (vereinzelt).
   Jeune orpheline   estes et en bas aage   Cretin 70.
   Lequel sera ... Nostre Achiles   et Marot son Homere   Marot I 73.
   Le bon prodomme   et chevalier Sampy   Desch. ball. XIII Refr.
   O valereuse,   ains heureuse jeunesse   Baïf 25.

γ. Puissant je suis ... Bien recueilly debouté de chascun Villon 219.
S'il me veut promettre ...
D'estre seule amée, prisée de tout son cœur Chans. XXII
O dure, helas! et trop dure auenture Jod. Cleop. V 45.
Ou le vaillant et sage duc d'Anjou ... Baïf 77.

Bemerkung. Zu jeder attributiven bezw. prädikativen Bestimmung kann eine Ergänzung treten:

a. D'vne part riche, et d'autre souffreteuse Chart. reg. IV 13.
A la fin tout pensif, de toutes parts cherchant
... tourne le fer tranchant Rons. V 65.
Par toy mesme contente et par toy buen heureux Ronsard V. 14.
Nud comme un ver, vestu en president Villon 219.
... j'ay cassé son carquois ...
Esteint son feu, rompu son arc turquois Ronsard IV 133.
Rompu vostre ennemy, et mis Cesar en fuyte: Villon 237.

b) α. Son taint estoit plombé ses yeux haves et creux Ronsard V 45.
Qu'est l'invention et l'art du nombre d'or Rec. VI 14.
C'est son espargne, et son riche tresor Chart. fort. 509.

β. Presumpcion est ou grand convoitise Desch. ball. XLVII.

F. Adnominale Bestimmungen mit Präposition:

a) Lors les nymphes des bois ...
De plaines, et de monts, et des forests sacrées Ronsard V 71.

Vgl. Chart. S. 532,$_{26}$; fort. 110; 901; Rec. VI 12; Collerye 30,$_{19}$; Marot I 92; Enfer 334; Ep. XIIII 51; Rabelais I 13,$_4$; 14,26; Ronsard V 88,$_2$; Baïf 34,$_2$; 46,$_{18}$.

b) α. En fiel de loups, de regnars et bleraux
Soient frittes Villon 149.
D'amour ministre et de perseverance,
Va t'en ailleurs Ronsard I 66.
Faiseurs de laiz, de motets, de rondeaux Villon 197.

Vgl. Villon 149,$_1$; Chart. fort. 900; Rec. VI 15,$_{26}$; 16,$_{10}$; Marot Ep. XLII 139; Bellay II 314; Baïf 47,$_8$.

β. De grans pompes et bobans n'avoit cure Martial II 30.
J'eu plaisir ...
Et de sa robbe noire et de son bec qui semble
Estre peint de safran .... il luy ressemble Ronsard IV 15.

γ. Vien voir de terre et de mer le grand tour Marot I 69.
Peust rauir des Troyens et de leur chef la gloire
Jodelle Didon I 90.

G. Infinitive (eventuell mit Objekten):

a) α. A l'assaillir   fist ... mains estours
     Honte rougir   et paour soy deffrire   Ball. Chart. IV 28.
     Rire, jouer,   mignonner et baiser Les vy ... Villon 152.
     ... je me submectz luy plaire
     Non la fascher,   ennuyer ne desplaire   Collerye 29.
     Autrey planter   ne celuy arracier   Ball. Chart. III Refr.
     ... ne me veulx desister
     Mais insister,   et tousjours persister   Collerye 30.
     ... qui ne quiert et pourchasse
     Que demourer   et estre en vostre grace   Collerye 38.
     Qui oseroit ... Plomber celuy, et doner cestuy-cy   Rons. III 338.
     ... ne puis Estre joyeulx   ne avoir le cueur gay   Chans. LXV 6.
   Vgl. Martial II 181, 2; Marot El. I 115 fg.; Bellay II 69.

b) α. Une mort inhumaine
     Peut vaincre mon amour non pas vainere ma haine Jod.Did.II 518.
     Mouvoir le fer, ou bien   ranimer la fornaise   Baïf 265.
     S'il me veut promettre   et me tenir seur   Chans. XXII.
     S'il ne veut suiyvre   et venir après moy   Marot I 115.
   β. Car endurer   ne pui ne supporter   Chart. mort V 6.
     Ne bien seruir   souffrir ne vouldroit   Chart. fort. 255.
   γ. Se planter tout soudain deuant moy, voir mon pere Did. I 242.
     Renenant se ficher   devant mes yeux, me dire
     L'adieu qu'elle deuoit   Jodelle Didon I 247.

Ergebnisse.

Stellen wir zum Schluss die Ergebnisse aus unsern Betrachtungen noch einmal kurz zusammen, so erhalten wir für die durch die Cäsur bewirkte syntaktische Gliederung folgende allgemeineren Regeln:

Durch die Cäsur können getrennt werden:

I. Zwei verschiedene Sätze und zwar:

1) koordinierte Sätze (Aussagesätze, Heischesätze, Fragesätze, schliesslich alle Arten von Nebensätzen), die entweder syndetisch verbunden oder asyndetisch nebeneinandergestellt sind;

A) Das Subjekt ist in beiden Sätzen verschieden:

Dabei ist darauf hinzuweisen, dass in einem, gewöhnlich im zweiten[1]) Vgl. auch zwei Sätze vorkommen können (ebenfalls mit verschiedenem Subjekt: ja ein Zwölfsilbner Baïfs weist im ersten Vgl. sogar drei Sätzchen auf, von denen die beiden ersten das gleiche (wiederholte) Subjekt haben, im dritten aber ein anderes Subjekt vorliegt:

B) Das Subjekt ist in beiden Sätzen das gleiche, es ist ziemlich häufig beim zweiten Verbum wiederholt.

Bemerkung 1. Daneben kommen Verse vor, bei denen (wie schon oben berührt) sich im Vgl. zwei koordinierte Verben vorfinden, und zwar:

a. in jedem der beiden Vgl., sodass also der ganze Vers vier Verben enthält (dies gilt sowohl für den Zehn- wie für den Zwölfsilbner).

Wir sehen hierin einen Fortschritt zu freierer Beweglichkeit innerhalb des Verses gegen das Afz., da weder Otten noch Reissert für diese Erscheinung Beispiele liefern;

b. nur ein Vgl. enthält zwei Sätze[2]) [entweder das erste[3]) oder das zweite]; während das andere enthält:

α) einen dritten koordinierten Satz oder

β) einen den beiden Verben gemeinschaftlichen Satzteil als Subjekt, Objekt, prädikative oder Umstandsbestimmung.

Bemerkung 2. Die durch die Cäsur getrennten koordinierten Sätze brauchen nicht auf die bezüglichen Vgl. beschränkt zu sein, vielmehr kann:

a) der erste Satz vor Versanfang beginnen, während der andere vollständig im zweiten Vgl. steht, oder

b) der nach der Cäsur beginnende Satz enjambiert, das erste Vgl. enthält einen vollständigen Satz;

---

[1]) Die aufgefundenen Beispiele sind Zehnsilbner, bei denen wegen der Kürze des ersten Vgl. zwei Sätze mit verschiedenem Subjekt beinahe unmöglich sind (vgl. aber unter b).

[2]) in vereinzelten Fällen sogar drei Sätze.

[3]) Nach Reissert § 20 giebt es in den von ihm untersuchten Texten kein erstes Vgl., das zwei Sätze enthält.

c) sowohl der vor der Cäsur endende wie der nach der Cäsur beginnende Satz reichen über den Vers hinaus.

Der Fall c kommt im Alexius- und Rolandsliede nicht vor (Reissert § 210); bei Otten findet sich die Erscheinung nicht erwähnt; wir dürfen also auch wohl hierin einen Fortschritt zur freieren Bewegung gegen die strengen Regeln des afz. Gebrauchs erkennen.

2) **Die Cäsur trennt zwei nicht koordinierte Sätze;**

A) Dieselben gehören inhaltlich eng zusammen, so dass also durch den zweiten Satz kein neuer Gedanke eingeleitet wird. Dies ist der Fall:

a. bei der Verbindung ungleichartiger Sätze als Aussage- und Heischesatz, Aussage- und Fragesatz, endlich Heische- und Fragesatz; bei allen diesen Verbindungen kann auch die umgekehrte Anordnung befolgt sein;

b. bei der Verbindung der direkten Rede mit kurzen, dieselbe einleitenden oder unterbrechenden Bemerkungen; dieselben können vor oder nach der Cäsur stehen und brauchen das Vgl. nicht zu füllen.

c. Statt eines Satzes kann sowohl im ersten wie im zweiten Vgl. ein Ausruf, eine Anrede, Anrufung der Gottheit oder dergl. auftreten, doch braucht ein solcher Ausdruck das Vgl. nicht voll einzunehmen.

Füllen mehrere solcher Wendungen den ganzen Vers, so pflegen dieselben so geordnet zu sein, dass eine oder mehrere von ihnen je ein Vgl. füllen; ein Übergreifen vom ersten zum zweiten Vgl. steht ganz vereinzelt da.

d. Parenthetische Sätze, die entweder zur näheren Ausführung des Gesagten dienen, oder auch nebensächliche Bemerkungen enthalten (z. B. eine Zeitbestimmung, ein Urteil über das Vorhergehende oder einen Appell an die Zuhörer etc.), können das Vgl. füllen, doch finden sich vielfach Verse, in denen derartige Sätzchen nur einen Teil des Vgl. einnehmen.

B) Der Fall, dass nach der Cäsur eine neue Satzperiode beginnt, ist selten.

3) Der Cäsur trennt regierenden und regierten Satz:
Demnach können nach der Cäsur beginnen alle Arten von Nebensätzen; und zwar sowohl nach vollendetem regierenden (Haupt- oder Neben-) Satze als nach einzelnen invertierten oder enjambierten oder in regelmässiger Stellung befindlichen Satzteilen. Eine Anrede, Anrufung etc. kann zwischen regierendem und regierten Satz eingeschoben sein.

Dabei kommt es nicht selten vor, dass im Vgl. zwei koordinierte Nebensätze sich befinden.

Zuweilen wird auch der nach der Cäsur beginnende Nebensatz von einem andern Nebensatz unterbrochen (also z. B. ein rein konjunktionaler Nebensatz von einem Adverbial- oder Relativsatz), welcher letztere gewöhnlich mit dem Verse abschliesst, während der unterbrochene Satz erst im fg. Verse vollendet wird.

Andrerseits können auch die beiden eng verbundenen nicht koordinierten Sätze auf das Vgl. beschränkt sein.

Beginnen Nebensätze im ersten oder zweiten Vgl., in welchem Falle ihnen gewöhnlich das regierende Verbum oder Beziehungswort (seltener ein anderer Satzteil) vorangeht, so reichen sie entweder bis zum Versende, oder (wenn sie im ersten Vgl. beginnen) zuweilen bis zur Cäsur; in letzterem Falle folgt nach der Cäsur entweder die Fortsetzung des von dem Nebensatze unterbrochenen regierenden Satzes oder ein zweiter (bezw. dritter) koordinierter Satz.

Vereinzelt zeigt sich daneben die Erscheinung, dass der im ersten Vgl. begonnene Nebensatz mitten im zweiten Vgl. endet, oder dass der im zweiten Vgl. angefangene Nebensatz enjambiert.

Bei Adverbialsätzen, welche durch zusammengesetzte Konjunktionen eingeleitet sind, werden die letzteren oft durch die Cäsur zerlegt.

Zusammen mit den Nebensätzen haben wir im Anschluss an Otten die Vergleichungssätze, die Negationssätze, sowie die präpositionalen Infinitiv- und die Partizipialsätze behandelt, da für sie die gleichen Bestimmungen gelten.

Geht der Nebensatz dem Hauptsatz vor der Cäsur voran,

so füllt er gewöhnlich das erste Vgl. (er kann auch schon vor Versanfang beginnen), während der Nachsatz mit dem zweiten Vgl. beginnt; derselbe besteht selten aus einem Haupt- und einem subordinierten Satz.

Es können so dem Nachsatze vorangehen alle Arten von Nebensätzen; jedoch finden sich so verwandt meist Adverbialsätze, neben denen die andern Nebensätze an Häufigkeit des Vorkommens vollständig zurücktreten.

Selten kommen vor Verse, in denen der Nachsatz abweichend im ersten oder zweiten Vgl. beginnt; in einem vereinzelten Falle finden sich sogar Vorder- und Nachsatz im zweiten Vgl. vereinigt.

Ausserdem stehen zuweilen am Beginn des Verses Nebensätze, die ihre Beziehung im Vorhergehenden haben; dieselben enden fast ausnahmslos in der Cäsur.

Die Cäsur trennt aber nicht nur ganze Sätze, sondern auch

II. einzelne Satzteile. Von diesen sind zu nennen:

1) **Satzglieder, welche invertiert zu Anfang des mit dem Verse beginnenden Satzes stehen:**

Dieselben füllen mit ihren Ergänzungen (zuweilen auch verdoppelt) in den allermeisten Fällen das erste Vgl.; und dies ist auch natürlich, denn nach ihnen tritt stets zum bessern Verständnis eine kleine Pause ein, die dann mit der Cäsurpause zusammenfällt.

In invertierter Stellung begegnen das nähere oder das entferntere Objekt, die von ihrem Verbum getrennt werden. Zu dem näheren Objekt tritt zuweilen ein kurzes Adverb. Ebenso nimmt die adnominale Bestimmung oder die Umstandsbestimmung invertiert sehr häufig das erste Vgl. voll ein.

2) Bei regelmässiger Stellung der Satzteile ist folgendes zu bemerken:

a. Das Subjekt füllt mit seinen näheren Ergänzungen in den weitaus meisten Fällen das erste Versglied.

Dabei ist zu bemerken, dass, falls das Subjekt ein Personalpronomen ist, welches von dem im zweiten Vgl. folgenden Verbum getrennt wird, zu demselben fast ausnahmslos eine

Ergänzung tritt, das Pronomen steht dann gewöhnlich nicht in der Cäsur. Dass übrigens auch gegen diese Regel gefehlt wurde, beweist die vorn im historischen Überblick angeführte Bemerkung Dubellays, und in der Tat finden sich auch einzelne Verse, in denen das Pronomen in der Cäsur steht. Auch sonst tritt zuweilen zu dem Subjekt eine Umstandsbestimmung (seltener eine andere Erweiterung).

Folgt das Subjekt dem Verbum im zweiten Vgl., so kann dasselbe das letztere voll einnehmen; indessen treten in diesem Falle oft die verschiedenartigsten Satztheile zu dem Subjekt.

b) Sehr häufig ist der Fall, dass die Cäsur das nähere Objekt von dem Verbum scheidet. Das erstere nimmt mit seinen Ergänzungen meist das zweite Vgl. voll ein; doch sind vielfach andere Bestimmungen mit dem näheren Objekt im Vgl. vereinigt.

Das eben Gesagte gilt auch für die Fälle, in denen die Cäsur fällt vor:

 c. ein entfernteres Objekt; und

 d. eine adnominale Bestimmung mit Präposition:

 e. Umstandsbestimmungen nehmen, abgesehen von den Fällen, in welchen sie (wie oben erwähnt) zu andern Satzteilen treten, mit ihren Ergänzungen (bezw. durch gleiche oder ähnliche Satzglieder verdoppelt) das zweite Vgl. fast regelmässig ein.

 f. Adnominale Bestimmungen, als attributives Adjektiv, Zahlwort, possessives, demonstratives oder indefinites Pronomen, schliesslich die Apposition, können von ihrem Beziehungswort getrennt werden, sollen dann aber das betreffende Vgl. füllen; doch finden sich sehr häufig Abweichungen.

Es macht die Trennung weniger hart, wenn bei einer der Cäsur vorausgehenden adnominalen Bestimmung das zweite Vgl. nur eng zusammengehörige Satzteile enthält, also keine Unterbrechung gestattet.

Auch wenn die attributive Bestimmung dem Nomen folgt, ist die syntaktische Zusammengehörigkeit gelockert.

Im Anschluss an die Pronomina haben wir von den pronominalen Adverbien des Grades und der Menge gehandelt, die von dem fg. Nomen getrennt werden; hierbei ist zu beachten, dass dieselben zuweilen nach afr. Gebrauch, nach welchem die Modalitätsbestimmung zu dem Verbum gehören konnte, als nähere Bestimmung zum ganzen Satz zu fassen sind. Da dieselben in diesem Falle nicht eng zu dem fg. Nomen gehören, so hat die Trennung durch die Cäsur auch nicht weiter etwas Auffälliges.

g. Die Trennung des Infinitivs bezw. Partizips von dem regierenden Hülfsverbum ist durchaus nicht selten; dabei gilt es gleich, ob das Hülfsverbum in der Cäsursilbe steht oder nicht; die Beschränkung Malherbes (Groebedinkel a. a. O. S. 86 fg.) besteht noch nicht; der Infinitiv bezw. das Partizip kann dem Verbum unmittelbar folgen oder von ihm durch Satzteile getrennt sein; beliebt ist die Stellung des Infinitivs bezw. Partizips am Versschluss. Auch die Trennung der zusammengesetzten Zeiten von *avoir* ist nicht vermieden, obgleich in diesem Falle wegen der engen Zusammengehörigkeit der beiden Teile die Pause nur sehr schwach sein kann.

Auffällig und unregelmässig ist es, wenn nach dem Infinitiv bezw. Partizipium mitten im zweiten Vgl. noch ein neuer Satz beginnt, weil die vor demselben eintretende Pause die Stärke der Cäsurpause beeinträchtigt. Ebenso wie mit dem Hülfsverbum + Infinitiv oder Partizip verhält es sich:

h. mit der prädikativen Bestimmung, und

i. mit der kopulativen Bestimmung. Das Hülfsverb kann auch hier in der Cäsur stehen und von dem unmittelbar fg. Nomen durch die Cäsur getrennt sein.

k. Präpositionen scheidet die Cäsur von dem fg. Nomen, wenn dieses das ganze fg. Vgl. einnimmt, doch ist die Cäsur nach einsilbigen Präpositionen sehr hart, weil die Trennung wegen der engen Verbindung eine sehr gewaltsame ist. Präpositionen und Adverbien, nach denen das fg. Nomen mit *de* angeschlossen ist, können ebenfalls von diesem getrennt werden. Für beide Regeln kommen Ausnahmen vor.

l. Werden Negationen, die aus zwei Teilen bestehen, durch die Cäsur zerlegt, so steht das zweite Glied (das Komplement) am Beginne des zweiten Vgl.

m. Trennung der Konjunktion von ihrem Beziehungswort bezw. von dem zugehörigen Satze ist selten.

3) Tritt die Cäsur zwischen koordinierte Teile eines Satzes, so sind zwei Fälle zu unterscheiden; entweder sind beide Vgl. ganz gleichartig, enthalten nur koordinierte Satzteile, oder ein gemeinsamer Satzteil steht mit im Vgl., in welchem Falle das Gleichgewicht gestört ist.

Getrennt werden in dieser Weise alle Arten von koordinierten Satzteilen, als Subjekte, Objekte, Umstands-, sowie attributive und prädikative Bestimmungen, schliesslich Infinitive, die von einem modalen Hülfsverbum abhängig sind.

Nur ganz vereinzelt finden sich Verse, bei denen ein Übergreifen der koordinierten Teile über das Vgl. hinaus stattfindet.

Vita.

Natus sum ego *Guilelmus Ludoricus Hermannus Heune* alias *Stein* a. d. XI Cal. Octobr. anni h. s. LXXII *Eberswaldiae* patre *Guilelmo*, matre *Ludovica* e gente *Baumbach*, quam ad id tempus vivere valde gaudeo. Fidei addictus sum evangelicae. Literarum elementis primum in patriae meae schola, quae dicitur 'Hœhere Buergerschule' imbutus deinde in schola Berolinensi, cui nomen est 'Kœnigstædtische Realschule', primam classem frequentavi ibique testimonium maturitatis a. d. XI. Cal. April. anni h. s. LXXXI. perpetratus sum.

Tum in numero civium academicorum universitatis Fredericae-Guilelmae Berolinensis receptus per quattuor semestria studiis linguarum recentiorum incubui.

Ineunte aestate a. LXXXIII Gryphiswaldiam me contuli ut studia mea conficerem. Scholis et exercitationibus interfui virorum illustrissimorum:

Berolini: *Breslau, Geiger, Kiepert, Tobler, de Treitschke, Zeller, Zupitza, Feller*.

Gryphiswaldiae: *Credner, Konrath, Koschwitz, Schuppe, Ulmann, Vogt, Marx*.

Quibus viris omnibus optime de me meritis, praecipue *Koschwitz* qui in dissertatione scribenda me adiuvit, gratias ago quae maximas.

Thesen.

I.

Die Vorschrift, weibliche Cäsur im Zehnsilbner nur dann zuzulassen, wenn das zweite Versglied vokalisch anlautet, rührt nicht von Lemaire her.

II.

Zehnsilbner, bei denen das zweite Versglied um eine Silbe verkürzt ist, kommen bei Marot nicht mehr vor; der bei Keuter in Herrigs Archiv XXXVI Bd. 68 S. 340 als Beispiel angeführte Vers:

Que si la tierce   veut rien arracher   éd. Jannet III 100

ist deshalb zu lesen:

Que si la tierce   y veut rien arracher.

III.

Ponz de Capduoill (ed. M. v. Napolski, Halle, 1877) VI 27 ist auf Grund der handschriftlichen Überlieferung zu verbessern:

Mas s'autram vol honrar.

IV.

Ponz de Capduoill XI 14 ist dem Handschriftenmaterial zufolge zu emendieren:

Quil onra el seru: donc, s'ieu am finamen.

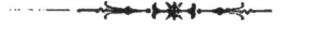